今日之变——《易》解《孙子兵法》

The Reality——Yi and The Art of War

薛德钧 著

济南出版社

图书在版编目（CIP）数据

今日之变：《易》解《孙子兵法》/ 薛德钧著．
—济南：济南出版社，2011.1（2024.2 重印）
ISBN 978 - 7 - 5488 - 0224 - 2

Ⅰ．①今… Ⅱ．①薛… Ⅲ．①周易—研究　②孙子兵法
—研究　Ⅳ．①B221.5　②E892.25

中国版本图书馆 CIP 数据核字（2011）第 014716 号

责任编辑　朱　琦
封面设计　焦萍萍

出版发行　济南出版社
地　　址　济南市二环南路 1 号
邮　　编　250002
电　　话　0531 - 86131727（编辑部）
印　　刷　山东百润本色印刷有限公司
发　　行　济南出版社发行部（电话:0531 - 86922073）
版　　次　2012 年 1 月第 1 版
印　　次　2024 年 2 月第 2 次印刷
开　　本　787 × 1092 毫米　1/16
印　　张　9.875
字　　数　200 千字
定　　价　59.80 元

序

1986 年，中国考古学家在河南省贾湖掘出三十余支骨笛，这些骨笛是用鹤的翅膀上的骨头做的，其中有一根鹤笛，八个音阶，仍然可以吹奏现代音乐。

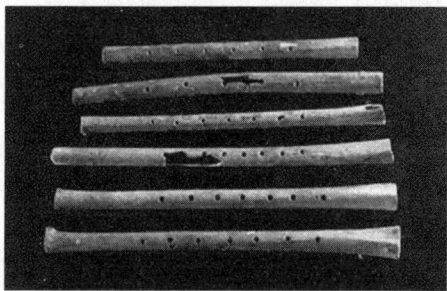

这些鹤笛制于九千多年前，属于裴里岗文化。1977 年至 1982 年春，考古工作者先后对河南省新郑县的裴李岗、唐户和沙窝李遗址进行发掘，发掘出磨制石器 212 件、陶器 299 件。石器主要是农业生产工具斧、铲、镰、刀、凿、锤、磨盘和磨棒等；陶器主要是生活用具鼎、罐、钵、盆、碗、盘、勺等；其他还有房基、窖穴、骨器和动植物残存等。

九千年前人们劳动和生活的情景，美妙的音乐，隐约浮现在我们脑中。

老子说："视之而弗见，名之曰微；听之而弗闻，名之曰希；捪之而弗得，名之曰夷。三者不可致诘，故混而为一。一者，其上不皎，其下不昧，寻寻兮不可名也，复归于无物。是谓无状之状，无物之象，是谓惚恍。随而不见其后，迎而不见其首。执今之道，以御今之有，以知古始。是谓道纪。"意思是：看了而看不见的物质，叫作微；听了而听不到的物质，叫作希；触摸了而触摸不到的物质，叫作夷。此三者不便于精细探讨，故混而为一。这个混而为一的东西，它的上面不明亮，它的下面不昏暗，它无边无际，不可以命名，复归属于无形物质。因此说，它是没有状态的状态，没有物体的形象，因此称为"惚恍"。"惚恍"随人类历史绵延，从前面迎，不见其首，跟随其后，又不见其末。"惚恍"执掌今日社会发展道路，以驾驭今日社会的存在，并且以此知道古代历史的起始。以上所述叫作道纪，道的纪事。

按现代语言，"惚恍"就是"文化"。中华文化绵延了九千多年，五千年前没有文字，《易》以完全抽象的画符记载和传递了古人对世界的认识。

老子又说："道生一，一生二，二生三，三生万物。万物负阴而抱阳，冲气以为和。"

道生一。道产生了"一"的概念。古代，"一"是最少的数，由"一"可以产生其他任何数，道用"一"代表自然状态。

一生二。由事物的自然状态归纳出阴阳概念。

二生三。在阴阳基础上，观察和认识事物的三个方面。

三生万物。由这三个方面的阴阳勾画出世界上的万物。三个方面的阴阳组合共有八种，这就是八卦。这也许就是八卦被用来作为道的标志的原因。

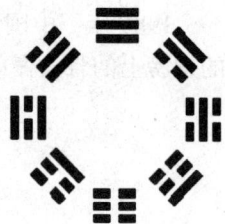

"万物负阴而抱阳"有三层意思：第一，一切事物都有阴阳；第二，阴阳是事物的属性，事物并不限于一阴、一阳、或一阴一阳，从八卦图可以看出，事物中的阴阳可能有八种状态；第三，阴与阳的性质不同，阳的性质多善，人喜欢抱住，而阴则多恶，甩也甩不掉，只好背在背后。

冲气以为和。阴阳二气相互冲合以达到和谐。"气"，用现代语言说，指能量。"冲"必须是双方相冲，单独一方是不能"冲"的，例如下图画出了两个卦，旁边的细折线表示阴阳相冲。图中，上面一个卦有两个方面是阴，一个方面是阳；下面一个卦的阳与其阴相冲，阴与其阳相冲；双方的阳气和阴气完全相冲，呈现完全和谐的状态。

八八六十四，八卦相重得六十四卦，这是《易》的核心内容。周时有三易：《连山》、《归藏》和《周易》。这三易都有六十四卦，都有卦名和辞，但是卦序不同，辞也不同，可见，辞是说明卦的。春秋以后，有了《易经》，附加了很多对《易》的说明。

易，是变化的意思。《孙子兵法》也讲变化。《易》讲普遍性的变化，具有哲学的普遍性和抽象性；《孙子兵法》讲具体的变化，是一部古代军事著作。"执今之道，以御今之有"，从《易》的角度来审视《孙子兵法》，我们可以发现这部兵书的真正伟大之处。《孙子兵法》不仅是军事上具体谋略的运用，其中更是内含了天地阴阳变化的至理。所谓谋略运用，存乎一心，其实正是参悟出了其中阴阳之变的表现。为什么很多人读了《孙子兵法》，却只会纸上谈兵？本书将为你揭示其中奥秘。下面，按《孙子兵法》十三篇的顺序，讨论《易》。本书不解释《孙子兵法》的原文，现在关于《孙子兵法》的译本很多，不难找到解释其原文的参考书。

目 录

第一章 计 篇

孙子曰：兵者，国之大事，死生之地，存亡之道，不可不察也。

故经之以五事，校之以计而索其情：一曰道，二曰天，三曰地，四曰将，五曰法。道者，令民与上同意也，故可以与之死，可以与之生，而不畏危。天者，阴阳、寒暑、时制也。地者，远近、险易、广狭、死生也。将者，智、信、仁、勇、严也。法者，曲制、官道、主用也。凡此五者，将莫不闻，知之者胜，不知之者不胜。

故校之以计而索其情，曰：主孰有道？将孰有能？天地孰得？法令孰行？兵众孰强？士卒孰练？赏罚孰明？吾以此知胜负矣。

将听吾计，用之必胜，留之；将不听吾计，用之必败，去之。计利以听，乃为之势，以佐其外。势者，因利而制权也。兵者，诡道也。故能而示之不能，用而示之不用，近而示之远，远而示之近。利而诱之，乱而取之，实而备之，强而避之，怒而挠之，卑而骄之，佚而劳之，亲而离之。攻其无备，出其不意。此兵家之胜，不可先传也。

夫未战而庙算胜者，得算多也；未战而庙算不胜者，得算少也。多算胜，少算不胜，而况无算乎！吾以此观之，胜负见矣。

阴 阳

阴阳是一种关于相反两极现象的概念，计篇中运用了很多阴阳概念，其中有：死生、存亡、阴阳、寒暑、远近、险易、广狭、天地、赏罚、留去、能与不能、用与不用、利诱、乱取、实备、强避、怒挠、卑骄、佚劳、亲离、多少、胜负，等等。这一篇只有四百多个字，却用了二十多对阴阳。从计篇运用的阴阳概念看，有四个特点。

第一，狭义的阴阳

孙子说："天者，阴阳、寒暑、时制也。"这里的阴阳是狭义的阴阳，具体地指阴天和晴天，阴指阴天，阳指晴天。这种狭义的阴阳概念在我国人民的日常生活中用得非常普遍，直到今日，我们也用阴阳表示具体的天气。

第二，阴阳的性质相反

孙子曰："兵者，国之大事，死生之地，存亡之道，不可不察也。""生死"、"存亡"也是阴阳，与表示阴天和晴天的阴阳都是性质相反的两极，性质相反是各种各样具体的阴阳运用的共同特点。孙子用"生死"、"存亡"说明两种截然不同的结果，强调兵法的重要性。

"夫未战而庙算胜者，得算多也；未战而庙算不胜者，得算少也。多算胜，少算不胜，而况无算乎！吾以此观之，胜负见矣。""多"与"少"是性质相反的两方面，"胜"与"败"也是性质相反的两个方面，孙子用"多少"、"胜败"等阴阳概念强调在战争开始以前要充分审核计算敌我双方的情况。

第三，阴阳互相转化

"佚而劳之，亲而离之。""佚"与"劳"是一个事物的两种状态，这两种状态的性质相反，不同时存在，从一种状态向另一种状态转变。"亲"与"离"是一个事物的两种状态，这两种状态性质相反，不同时存在，从一种状态向另外一种状态转变。

一个事物的阴阳状态的转移可以由另一个事物促成，"佚而劳之，亲而离之"，是由我方的行动促使敌方的阴阳状态转变，使其转变有利于我方。

第四，阴阳和谐是制胜的策略

"利而诱之，乱而取之，实而备之，强而避之。"其中，"利"、"取"、"实"、"强"为阳，这些是敌方的状态；"诱"、"乱"、"备"、"避"为阴，这些是我方的行动。"利而诱之"，用我方的阴"诱"与敌方的阳"利"和谐，以利于我方。"乱而取之"，用我方的阳"取"与敌方的阴"乱"和谐，以利于我方。"实而备之"与"强而避之"都是用我方的阴与敌方的阳和谐以利于我方。可见，阴阳和谐可以用于拟定制胜策略。

计然七策

春秋时代的商人计然有七策，七策中的五策是：论其有余不足，则知贵贱；贵上极则反贱，贱下极则反贵；贱买贵卖，加速周转；贵出如粪土，贱取如珠玉；旱则资舟，水则资车。

论其有余不足，则知贵贱。有余和不足是一对阴阳，价涨和价落也是一对阴阳，它们都是商品的属性。由市场上商品的有余和不足，可以知道其价格将要上涨或者低落。

贵上极则反贱，贱下极则反贵。贵与贱是一对阴阳，贵，上涨到极点则反贱；贱，下落到极点则反贵。同一事物本身的阴阳可以互相转化。

贱买贵卖，加速周转。买和卖是一对阴阳，买是阳，卖是阴。商品贱时，我以贵的价格买进；商品贵时，我以贱的价格卖出。这是容易做到的事，是和谐的制胜策略。

贵出如粪土，贱取如珠玉。商品如粪土和如珠玉是性质相反的两种状态，如粪土的状态是阴，如珠玉的状态是阳。市场价格贵时，将商品像粪土一样地卖出；市场价格贱的时候，将商品像珠玉一样地买进。这也是阴阳制胜策略。

旱则资舟，水则资车。干旱的时候，买进舟船；水灾的时候，买进车辆。根据"贱买贵卖，加速周转"的原则，在干旱的时候，舟船没人要，价格低廉，就买进舟船，按阴阳转换规律，干旱以后必然有不干旱的时候，那时，舟船的价格将大幅上涨，恢复正常，那时，再将舟船卖出；同样道理，在水灾的时候，车辆没人要，价格低廉，就买进车辆，按阴阳转换规律，水灾以后必然有不是水灾的时候，车辆的价格将大幅上涨，恢复正常，那时，再将车辆卖出。"旱则资舟，水则资车"的原则，强调不要只看眼前，而要看得远一些。

阴阳与西方哲学中矛盾的概念很相近，统一而对立，在一定的条件下，相互转化。西方哲学中的否定之否定与阴阳转换很相似，不过，矛盾转化主要指一个事物本身的矛盾转化，而《孙子兵法》则突出外界环境对一个事物阴阳转换的影响，这在辩证法中是不多见的。

阴阳是性质相反的两极，在这点上，矛盾与阴阳相似，矛盾的双方也是性质相反，不过，阴阳与矛盾有个明显的不同。阴阳的双方有比较明确的特征，我们很容易地说出："生"是阳，"死"是阴；"存"是阳，"亡"是阴；"多是阳"，"少"是阴；"胜"是阳，"败"是阴。而在矛盾的双方中，只能含糊地说矛盾的这一方和矛盾的那一方，没有办法能够表达出双方各自的特征。

此外，在大多数场合，矛盾是指冲突，是指双方相同的性质，而不是指双方相反的性质。韩非子（约公元前 280 年~公元前 233 年），有一个关于矛盾的寓言：

> 人有鬻矛与盾者，誉其盾之坚，物莫能陷也。俄而又誉其矛曰："吾矛之利，物无不陷也。"人应之曰："以子之矛，陷子之盾，何如？"其人弗能应也。以不可陷之盾与无不陷之矛，为名不可两立也。

这段话中的"以子之矛，陷子之盾，何如"，是指矛与盾双方共同的性质，矛也锋利不可挡，盾也坚硬不可穿，这二者的性质相同，"为名不可两立也"，按阴阳观念，它们都是阳，阳对阳，而不是一阴一阳。

"矛盾就是对立统一"，这是我们常常听到的关于矛盾的解释。其实，这种解释是不严谨的，所谓的"统一"，不能说明矛盾这个概念的实质，它只是对立双方所在范围的限定。夫妻两口子闹离婚，直到判定离婚以前，这两口子都是统一在婚姻关系中，他们闹矛盾，没法和谐相处。直到最后，破除婚姻关系，统一没有了，矛盾也没有了。矛盾概念的实质是对立，统一只是对立存在的条件。矛盾形成对立，阴阳形成和谐。矛盾与和谐是不相容的，有了矛盾就必须化解，否则就不能和谐。我们常说"化解矛盾"，因为矛盾是冲突；我们常说"加深和谐"，因为和谐是阴阳相辅相成。

《易》的主体是六十四卦，每卦六画，总共三百八十四画，一百九十二条阴画，一百九十二条阳画，可见，《易》就是阴阳的综合，阴阳和谐的原则是《易》的基础。

阴阳的定义

那么，到底什么是阴，什么是阳呢？或者说，阴阳的定义是什么呢？数千年来关于阴阳的解释很多，但是，都缺乏确切的定义。实际上，阴阳的定义在《易》的八卦中，八卦用形象定义了阴阳。

阴阳是伏羲时代以前的古人从生活经验中总结出的概念，那时没有文字，用形象代替文字叙述。八卦的卦是三画卦，八个卦，每卦有三画。卦的画叫爻，爻音 yáo，代表一个要素。阴爻是断线，阳爻是实线。八卦中的乾卦是纯阳卦，它的三个爻都是阳，卦名是乾，形象是天，定义了阳。阳代表天的特性，凡性质与天的性质接近的为阳。坤卦的三个爻都是阴，是纯阴卦，卦名是坤，形象是地，定义了阴。阴代表地的特性，凡性质和地的性质接近的为阴。

坤卦（纯阴）　　　乾卦（纯阳）

"利而诱之"，"利"是谋取利益，是主动的行动，似天运行，为阳。"诱"是适应对方而诱使，如地适应天，为阴。敌方谋利，是阳；我方诱使敌方，是阴。我方以阴取得与阳的和谐。和谐是一种策略。

"乱而取之"，"乱"者缺乏凝聚力，与地的性质接近，为阴。"取"是积极主动的行动，与天的性质接近，为阳。"乱而取之"是我方以阳的行动与敌方的阴的性质达成和谐的策略。

"实而备之"。"实"指敌方的实力雄厚，像天具有巨大的能量，为阳。"备"指我方的防守戒备，是一种相对静止的行动，像相对静止的地球，为阴。这是我方以阴的行动适应敌方阳的实力的和谐策略。

"强而避之"。"强"指敌方强大，像威力强大的天，性质为阳。"避"指我方回避的行动，是消极行动，像地消极地适应于天。"强而避之"是我方以阴的行动与敌方的阳的性质达成阴阳和谐的策略。

巧妙地利用阴阳和谐达到有利于我的目的，这是《孙子兵法》制定策略的原则，也是《易》利用关系双方各个要素是否和谐判断吉凶的原则。这也反映出在两千多年前的春秋末期《易》的阴阳和谐的思维方法已经自然而然地贯穿于中国人的生活习惯中。孙子注意到了狭义的阴阳，而在不知不觉之中，自然而然地广泛地运用了阴阳观念，并且杰出地运用了阴阳和谐原则于制定军事策略。

八 卦

孙子说："故经之以五事，校之以计而索其情：一曰道，二曰天，三曰地，四曰将，五曰法。"这自然让人联想到五行。《尚书·洪范》曰："五行，一曰水、二曰火、三曰木、四曰金、五曰土。"不过，五行是分析水、火、木、金、土这五者之间的相生相克关系，而从孙子说的"道、天、地、将、法"中很难看出相生相克的关系，可见，孙子说的五事不是五行，而是多因素分析。

孙子又说："计利以听，乃为之势，以佐其外。""势"常用于"形势"，"势力"、"势能"、"趋势"等等。"势"与"五事"是"佐"与"主"的关系，是"外"与"内"的关系。五事是静态，势是动态；五事是本质，势是行动。兵的本质决定于道、天、地、将与法五个基本要素，再加上势，是六个要素。五个要素是内在的，一个要素是外在的。这个外在的要素根据敌我双方的情况而变化，"势者，因利而制权也"。

在分析问题的时候，我们中国人喜欢列举一二三，按重要性排列出各种因素。孙子在这里列举出兵法的五个决定性因素，又指出势佐其外。军事不是由单一因素决定的，而是由多种因素决定的，考虑军事问题时，要避免简单化，而必须全面考虑，除了必须考虑五事之外，还必须考虑所处的形势。尽管我们不是军事家，但是在考虑我们所面对的问题的时候，也要全面地考虑各种因素。比如，做生意，除了要考虑资金、产品或商品、场所、管理、生产和销售、人事与开支等等企业本身的素质以外，还要考虑市场形势。

如果我们把道、天、地、将、法与势归纳为三个要素，势是动态的，列第一位，道与天地是客观条件，放在第二位，将与法是人的因素，列为第三。用好与坏表示这三个因素，则有八种情况。再用 1 表示好，用 0 表示坏：

势（好）道天地（坏）将法（坏）100

势（好）道天地（坏）将法（好）101

势（好）道天地（好）将法（坏）110

势（好）道天地（好）将法（好）111

势（坏）道天地（好）将法（好）011

势（坏）道天地（好）将法（坏）010

势（坏）道天地（坏）将法（好）001

势（坏）道天地（坏）将法（坏）000

右边的三位数字代表三个要素，左边的一位是高位，代表势。中间的一位代表道、天和地，右边的一位是低位，代表将和法。

右边的三位数中只有 1 和 0 两个数字，这是二进制数字系统。现在，1 代表阳，0 代表阴。如果用实线表示阳，断线表示阴，对应高位的线在底，对应中位的线在中间，代表低位的线在上面，则成八卦图：

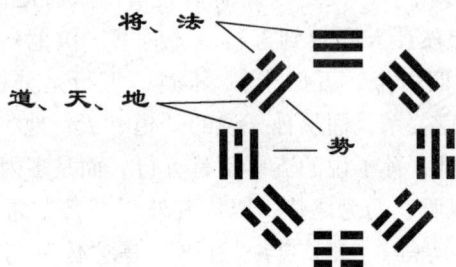

这个八卦图全面地表示了兵的八个状态，包括五事的变化，也包括势的变化。这个八卦图与 6500 年前出现的伏羲八卦是一致的。

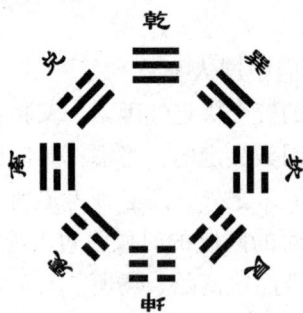

伏羲八卦图中，震、离、兑、乾、巽、坎、艮和坤是卦名。一个卦有三条线，一条线代表一个要素，叫做爻。八卦图中内部的一圈是卦的底部的线，叫下爻。中间的一圈是卦的中部的线，叫中爻，外面的一圈是卦的上部的线，叫上爻。对应《孙子兵法》中的五事和势，下爻代表势，中爻代表道、天和地，上爻代表将和法。

那么，伏羲八卦图是怎么产生的呢？由于伏羲时代没有文字，我们没法直接知道这个图是如何产生的以及卦中的三个爻代表什么。不过，我们可以推测一下。推测有两个根据：第一，"卦"字的字形。第二，五千年前的黄帝时代我国已经有了日历。

"卦"字可能来自"土圭"，一种观察日影的方法，又称"日晷"。"卦"字的左边是一堆土，右边表示一根竹竿和日影。观日影定农时是古人最方便易行的办法。类似的方法在其他国家也有，如今的秘鲁还保存着日庙，观察从窗户射进的阳光在室中石块上的位置定农时。

如果把日影分成最短、短、长、最长四个等级，分别表示为 0、1、2、3。0 表示日影最短，1 表示日影短，2 表示日影长，3 表示日影最长。0、1、2、3 这四个数字，用二进制表示就是 00，01，10 和 11。

00 表示日影最短。

01 表示日影短。

10 表示日影长。

11 表示日影最长。

再把日影增长和日影缩短两个过程中日影的变化区分开来，用 1 表示日影增长，0 表示日影缩短，把表示日影增长和缩短的一位数放在表示长短的数字前面，就得到两个组。一个组是日影增长的过程：

111 表示日影增长，日影最长。

110 表示日影增长，日影长。

101 表示日影增长，日影短。

100 表示日影增长，日影最短。

一个组是日影缩短的过程：

011 表示日影缩短，日影最长。

010 表示日影缩短，日影长。

001 表示日影缩短，日影短。

000 表示日影缩短，日影最短。

如果把 1 换成实线，把 0 换成断线，把三位二进制数从左到右的顺序换成线的从下到上的顺序，把他们放在圆周上，就是八卦。

这个由观察日影得到的八卦图与兵法五事和势的八卦图是一致的。它们的下爻，八卦图的最里面的一圈，代表变化趋势，兵法中代表势，日影观察中代表日影增长或缩短。中爻，八卦图的中间的一圈。代表实质性的特征，兵法中代表道、天和地，日影观察中代表日影的长短。上爻，八卦图的最外面的一圈。代表比较经常变化的要素，兵法中代表将和法，日影观察中代表日影变化中的变化频繁的因素。

100、101、110、111、011、010、001、000 的数值是 4、5、6、7、3、2、1、0。这些数值是卦的特有数值。111 是全阳的卦，这是乾卦，没有阴，数值最大，是 7。000 是全阴的卦，这是坤卦，没有阳，数值是 0。卦的数值表示卦中阳的量的相对多少程度，称作卦的阳数。阳数是卦的特征值，可以作为卦的代号。原来的八卦没有代号，为了表示方便，我们可以用卦的数值作卦的代号。就像是人人有身份证号码，原来，每个人只有名字，现在，除了名字以外，每个人都有一个身份证号码。身份证号码的每一位数字都有一个特定的含义，八卦的代号也有特定的含义。八卦的代号是卦的阳数。下面是加上卦的代号的八卦：

4、5、6、7、3、2、1、0反映土圭测出的一年之中日影长短变化的过程，新的一年，又是一个4、5、6、7、3、2、1、0的过程，但不是简单的重复循环，而是有一些微小差别的螺旋型变化。伏羲八卦反映出事物变化的螺旋型规律。

八卦中各个爻的意义

再深入一步，我们比较详细地分析一下八卦中各个爻的含义。将上面用土圭观测日影的八卦图少许改变一下。

日影的变化

图中的4、5、6、7、3、2、1、0是卦的代号。阳爻画成黑色弧线，阴爻画成灰色弧线。内环是卦的下爻，中环是卦的中爻，外环是卦的上爻。

先看八卦的下爻：

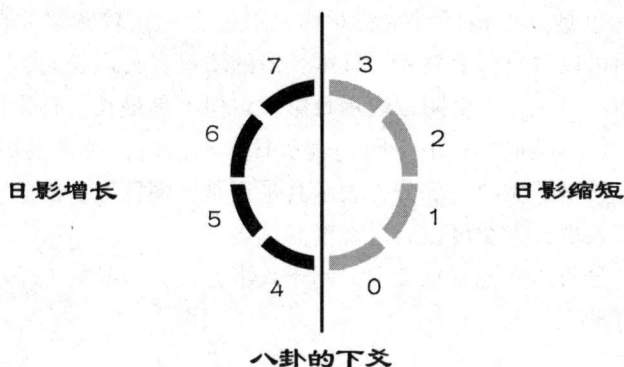

八卦的下爻

八卦的下爻，左右性质相反，上下一致。从八卦下爻的图可以看出，八卦的下爻表示日影变化的趋势，阳表示日影增长，阴表示日影缩短。下爻与日影的实际长短无关。也就是说，下爻表示势；或者说，下爻表示行动。

再看中爻：

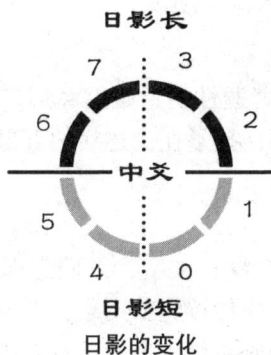

日影的变化

中爻的图，上下相反，左右对称。这表示中爻只与日影的长短有关，与变化趋势无关。由此可见，在一般情况下，中爻代表事物的素质。

最后，看上爻：

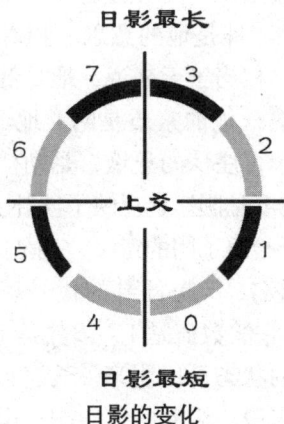

日影的变化

上爻的变化也是上下相反，左右对称，不过变化比较频繁，左右各爻变两次。从上爻的图可以看出，上爻表示日影长短的增量。日影长时，上爻阳，表示日影不仅长，而且最长；上爻阴，表示日影长，但不是最长。日影短时，上爻阳表示日影虽短，但不是最短；下爻阴，表示日影不仅短，而且最短。由此可见，一般情况下，上爻是素质的一部分，表示其是否是极端情况，而且，这是一个多变因素。若用于人事，上爻可以表示态度。

归纳上面的分析，在普遍意义上，用于人事方面，八卦的三个爻的意义是：

下爻——行动

中爻——素质

上爻——态度

按《孙子兵法》的计篇引导出的八卦中，三个爻的意义是：

下爻——势

中爻——道、天、地

上爻——将、法

由此可以看出，《易》是普遍性的，她已经形成中华民族文化的核心，影响着我国人民的思维方式，从而，孙子在论述兵的五事和势的时候，自然而然地运用了八卦的思维方式。

卦　象

在6500年前的伏羲时代，没有文字，人们怎么能够记住卦的含义，怎么能够相互交流，又怎么能够向后代传授呢？用象，形象。每个卦都有一个卦象。一幅画可以表达千言万语，一个卦象可以表达千言万语所表达不尽的意思。下面简单介绍一下八个卦象，从0卦，坤卦开始。

0卦，坤卦，☷。坤是卦名，0是坤卦的代号。如果把三个阴爻都换成0，成为二进制数000，它的数值是0，表示这是一个纯阴的卦，三个爻全是阴爻，没有阳爻，或者说，阳数是0。坤是地的意思。相对于天来说，地是静止的，地的行动是阴。站在地球上看，相当于天来说，地是低的；地上的生物利用太阳的光与热，地本身不产生生光和热，地的素质是阴。地适应天的季节变化，很温顺；地很广阔，宽容大度；地是孕育庄稼的土壤，是动植物生长的地方，是建筑的基础，具有母性的特征，地的态度是阴。地反映了坤卦上中下三条爻全阴的性质。坤卦的性质是静止和顺从。坤卦给出了阴的定义，凡是性质与地相似的事物都属阴。

1卦，艮卦，☶。艮是卦名，1是艮卦的代号。如果把阴爻都换成0，阳爻换成1，成为二进制数001，它的数值是1，阳数是1。艮卦，卦象是山，山坚定不移，静止不动，这种静止的状态可以用第一爻表示，这是阴爻。山很高大，但是对于生活在远离山区的人来说，没有多大影响；山对人有不利，山阻挡风，阻碍交通，有时还有山崩或山洪，但是，人多在离山远远的地方生活，山不会主动加害于人；山对人也有益，古时候，人住在山洞中避风寒，在山上猎取事物，山中蕴有矿藏、林木和旅游资源，但是，山不会主动授益于人。山的素质可以用艮卦的第二爻表示，这是阴爻。山峰峻峭而坚硬，不屈不软，可以象征严峻、僵硬的态度，山的态度可以用艮卦第三爻表示，这是阳爻。山的特性是静止而坚硬。

2 卦，坎卦，☵。坎是卦名，2 是坎卦的代号。如果把阴爻都换成 0，阳爻换成 1，成为二进制数 010，它的数值是 2，阳数是 2。坎卦的卦象是水。水往低处流，可以流于河道中，也可以装于小瓶子中，水的行动被动，可以用坎卦的第一爻表示，这是阴爻。水可以发电，水可以浮起万吨巨轮，水可以造成严重自然灾害，水是血液和生物机体的主要成分，水的素质良好，可以用坎卦的第二爻表示，这是阳爻。水是流体，水的温度适应环境变化，水的态度是阴，可以用坎卦的第三爻表示，这是阴爻。水有巨大的能量，但是，水库里的水，江河里的水，瓶子里的水，其行动都受限制，呈现出困难。水可以淹死人。水既象征自身的困难和危险，也象征赋予他人的困难和危险。坎卦的性质是困难和危险。

3 卦，巽卦，☴。巽（xùn）是卦名，3 是巽卦的代号。如果把阴爻都换成 0，阳爻换成 1，成为二进制数 011，它的数值是 3，阳数是 3。巽卦的卦象是风。风可以挡，可以避，有挡风的山，有避风的港，风的行动是阴，可以用巽卦的下爻表示。风又是有力的，飓风可能造成严重灾害，而微微和风温柔拂面，风的素质是阳，可以用巽卦的中爻表示。风无缝不钻，可以代表严格的态度；风的态度是阳，可以用巽卦的上爻表示。巽卦的性质是被动而有力。

4 卦，震卦，☳。震是卦名，4 是震卦的代号。如果把阴爻都换成 0，阳爻换成 1，成为二进制数 100，它的数值是 4，阳数是 4。震卦的卦象是雷。春雷滚滚，雷声隆隆，滚滚雷声会唤醒冬眠的万物，会迎来洗涤世界的狂风暴雨，雷可以代表积极的行动，雷的行动是阳，可以用震卦的下爻表示。打雷不一定下雨，轰鸣的雷声是短暂的，一般不造成明显的后果，雷的素质是阴，可以用震卦的中爻表示。雷声或远或近，或有或无，雷的态度是阴，可以用震卦的上爻表示。震卦的性质是动而乏力。

5 卦，离卦，☲。离是卦名，5 是离卦的代号。如果把阴爻都换成 0，阳爻换成 1，成为二进制数 101，它的数值是 5，阳数是 5。离卦的卦象是火。火焰向上，遇可燃材料和氧气，火焰立即上冲，火的行动是阳，可以用离卦的下爻表示。火焰的内部温度低而黯淡，火焰依附于可燃材料和氧气，火的素质是阴，可以用离卦的中爻表示。火光耀眼，火焰热，火的态度是阳，可以用离卦的上爻表示。离卦的性质是光明而依附。

6 卦，兑卦，☱。兑是卦名，6 是兑卦的代号。如果把阴爻都换成 0，阳爻换成1，成为二进制数110，它的数值是6，阳数是6。兑卦的卦象是泽。泽是水积聚的地方，如河泽，水乡泽国。"河泽滋润万物"，水乡泽国多是鱼米之乡，富饶地带。6卦的下爻是阳爻，表示主动的行动，"滋润"象征主动；中爻是阳爻，表示素质良好，河泽万里呈现富饶景象，是良好素质的象征；上爻是阴爻，表示态度柔和，水乡泽国，湖泊河流交横，风景秀丽，象征柔和态度。泽形象地代表6卦的性质，行动主动，素质良好，而态度柔和，是适宜的处事为人的原则，既成功而又不极端。兑卦的性质是主动有力而柔和。

7卦，乾卦，☰。乾是卦名，7是乾卦的代号。如果把阳爻都换成1，成为二进制数111，它的数值是7，阳数是7。乾卦的卦象是天。天运动不息，行动是阳，可以用乾卦的下爻表示。天发射光和热，有巨大的能量；从地上看，天高，天的素质是阳，可以用乾卦的中爻表示。天，不可抗拒，地上的一切生物都必须适应天的变化，天的态度是阳，可以用乾卦的上爻表示。乾卦的性质是动而有力。乾卦定义了阳，性质与天接近的事物是阳。

中孚卦

孙子说，"夫未战而庙算胜者，得算多也；未战而庙算不胜者，得算少也。多算胜，少算不胜，而况无算乎！吾以此观之，胜负见矣。""吾以此观之，胜负见矣"，"此"指算，算敌方也算自己；算五事，也算势。算，不是无根无据的所谓"预测"，而是根据事实估计敌我双方的情况。

按敌我双方情况估算，各有八种可能性，相应于八卦，八卦的卦是三条爻的卦，叫经卦。双方合在一起，有六十四种可能性，相应于六十四卦，合成有六条爻的卦，叫别卦，代表六十四个类别。需要根据实际情况，确定一个代表我方的经卦和一个代表敌方的经卦，再将确定出的两个经卦合在一起，成为一个有六条爻的别卦。代表我方的经卦叫主卦，代表敌方的经卦叫客卦。作为一个例子，假设敌我双方的综合情况评估如下。

我方：道、天和地——好，将和法——不好。敌方：道、天和地——好，将和法——好。势：攻其不备。我方攻，敌方守而无备。

按上面的假设，可以用两个经卦表示双方的情况。一个经卦表示我方，我方的行动是攻，下爻为阳；综合对道、天和地的评估好，中爻为阳；对将和法的综合评估不好，上爻为阴。这个经卦是6卦，兑卦。

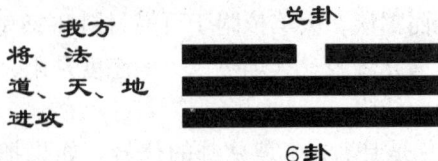

```
                          兑卦
   我方
  将、法    ▬▬▬▬  ▬▬▬▬
  道、天、地  ▬▬▬▬▬▬▬▬▬▬
  进攻      ▬▬▬▬▬▬▬▬▬▬

            6卦
```

　　另一个经卦表示敌方，敌方无备，下爻为阴；综合对道、天和地的评估好，中爻为阳；对将和法的综合评估也好，上爻为阳。这个经卦是 3 卦，巽卦。

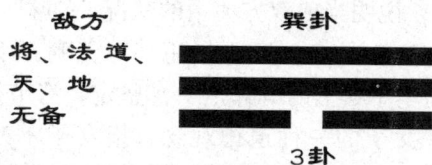

敌方

将、法道、

天、地

无备

巽卦

3卦

　　在上面设定的情况下，主卦是 6 卦兑卦（6 是主卦的代号，兑是其卦名），客卦是 3 卦巽卦（3 是客卦代号，巽是其卦名），主卦在下，客卦在上，这个别卦叫中孚卦，代号是 6∶3。主卦的代号和客卦的代号的比值是别卦的代号。

中孚

将、法

道、天、地

无备

将、法

道、天、地

进攻

客卦

主卦

6∶3卦

中孚卦的卦爻辞

6∶3 中孚（周易第 61 卦）

中孚：豚鱼吉，利涉大川，利贞。

一阳：虞吉，有它不燕。

二阳：鸣鹤在阴，其子和之；我有好爵，吾与尔靡之。

三阴：得敌，或鼓或罢，或泣或歌。

四阴：月几望，马匹亡，无咎。

五阳：有孚挛如，无咎。

六阳：翰音登于天，贞凶。

　　中孚是 6∶3 卦的卦名。"孚"是信用，是为人所信赖的意思，"深孚众望"。"中孚"的意思是说双方应当诚恳相待。

　　按上面的假定，在道、天和地这三方面，我方与敌方的情况相当，都好，而在将与法这两方面，我方不及敌方。以此观之，如果战，我方不一定能够取胜。既然不一定能取胜，就不应当轻易发动战争，而是应当与对方和睦相处，以诚恳相待。

【豚鱼吉，利涉大川，利贞。】

这是中孚卦的卦辞，说明当前双方关系的状况。"豚"指猪。主客双方像生活在陆地的猪和生活在水中的鱼，互不侵犯，都吉利；不过，应当互相交流，"利涉大川"。"贞"，新华字典上的解释是"①坚定，有节操；忠贞，坚贞不屈。②旧礼教中束缚、残害女子的一种道德观念，指女子不改嫁等：贞女。③占、卜，问卦：贞卦（迷信）。"其中，第三条的解释是用《易经》作迷信活动时的解释，我们不考虑这种解释。前二条解释中都有"坚持"的意思，在用《易》的时候，面对当前的形势，需要回答"移动"还是"坚持在原地"的问题。所以，"贞"应当解释为"坚持"。"利贞"指利于坚持当前的状态。这卦辞明确地指出了主方应当与客方和谐共处。尽管客方"无备"，也不应当进攻。"攻其无备"不适合当前的形势。孙子说的"攻其无备"是重要的用兵原则，但是，一定要根据具体情况的庙算而行动，"未战而庙算不胜者，得算少也"，在当前的形势下，敌方的将和法比我方强，即使敌方无备，我方也不应当攻。

【虞吉，有它不燕。】

这是第一爻的爻辞。"一阳"表示第一爻是阳爻。在其他有关《易经》的书上，用的是"初九"，那是随机数算命的用法，我们不用它。"虞"是安的意思。燕也是安的意思。第一爻代表主方的行动。主方的行动是进攻，而爻辞说"虞吉"，安才吉利。进攻则不安，不安就不一定吉利。"有它不燕"，有异乎寻常的作法则不安定。可见，这爻辞虽然有个"吉"字，实际上否定了"攻其无备"的行动。

【鸣鹤在阴，其子和之；我有好爵，吾与尔靡之。】

这是第二爻的爻辞，这是条阳爻。这条爻表示主方的道、天和地好。而第五爻表示客方的道、天和地也好。这条爻的爻辞建议双方互利双赢。爵指古代的酒器。"靡"是浪费的意思。"吾与尔靡之"，我与你共享。鹤在树荫下鸣叫，另一只鹤附和：我有好酒，我与你共享。

【得敌，或鼓或罢，或泣或歌。】

这是第三爻的爻辞，是阴爻。这条爻表示我方的将与法不佳，而第六爻表示客方的将与法好。与敌方交战，一会儿打，一会儿停，一会儿哭泣，一会儿欢歌。

【月几望，马匹亡，无咎。】

这是第四爻的爻辞。这个爻是阴爻。它表示客方无备。而第一爻表示我方进攻。攻其无备本来应当得手，但是，客方的将与法比我方强，结果，不可能速决。战斗拖长，月亮几乎圆了，甚至马匹也累死了。尽管如此，我方尽力战斗，无所咎怪。

【有孚挛如，无咎。】

这是第五爻的爻辞。这条爻是阳性，表示客方的道、天与地好。由于客方和我方的道、天与地都好，而且客方的将与法比我方强，与客方诚信相待，互相配合，无所咎怪。

【翰音登于天，贞凶。】

这是第六爻的爻辞，爻性为阳。这条爻表示客方的将与法强，如高空洪亮的声音。而我方的将与法不佳。这种情况下，坚持下去有凶险。

综合以上卦爻辞的分析，可以得到如下结论：①这种双方关系情况下，攻其不备是不恰当的，应当停止进攻，尽快结束战斗。②应当与客方诚信、和谐相处，互利双赢，用现代语言说，与客方建立战略性的伙伴关系。③着力改善我方的将与法。④对客方应当实而备之。

由于实际情况是复杂的，用《易》的别卦分析所面临的形势，可以得到比单纯的阴阳判断更全面的策略，也帮助我们更好地理解和运用《孙子兵法》。不能死板地硬套《孙子兵法》的一语一句，而应当根据具体情况灵活运用。这个例子中，"攻其无备"是有条件的，客方的道、天、地、将和法都很强，"攻其无备"的条件不具备，尽管客方无备，我方也不应当攻其无备，而应当实而备之。

第二章　作战篇

孙子曰：凡用兵之法，驰车千驷，革车千乘，带甲十万，千里馈粮。则内外之费，宾客之用，胶漆之材，车甲之奉，日费千金，然后十万之师举矣。其用战也胜，久则钝兵挫锐，攻城则力屈，久暴师则国用不足。夫钝兵挫锐，屈力殚货，则诸侯乘其弊而起，虽有智者不能善其后矣。故兵闻拙速，未睹巧之久也。夫兵久而国利者，未之有也。故不尽知用兵之害者，则不能尽知用兵之利也。

善用兵者，役不再籍，粮不三载，取用于国，因粮于敌，故军食可足也。国之贫于师者远输，远输则百姓贫；近师者贵卖，贵卖则百姓财竭，财竭则急于丘役。力屈财殚，中原内虚于家。百姓之费，十去其七；公家之费，破车罢马，甲胄矢弩，戟楯蔽橹，丘牛大车，十去其六。故智将务食于敌，食敌一钟，当吾二十钟；其秆一石，当吾二十石。故杀敌者，怒也；取敌之利者，货也。故车战得车十乘以上，赏其先得者而更其旌旗。车杂而乘之，卒善而养之，是谓胜敌而益强。故兵贵胜，不贵久。

故知兵之将，民之司命。国家安危之主也。

八　卦

孙子说："故不尽知用兵之害者，则不能尽知用兵之利也。"详细一点，有利状态可以分为四种：很少有利、少有利、很有利和极有利。有害状态也可以分为四种：很少有害、少有害、很有害和极有害。按利害程度把这八种情况联成一串：极有害、很有害、少有害、很少有害、很少有利、少有利、很有利、极有利。可以用 0 到 7 这 8 个数字代表这 8 种状态：0、1、2、3、4、5、6、7。

现在是信息时代，计算机与互联网的数学基础都是二进制数。二进制数的特点是逢 2 进 1。平常我们用的是十进制数，逢 10 进 1，从 0 到 9，再加 1，则逢 10 进 1，成为 10。就二进制数来说，0 加 1 是 1。1 加 1，不是 2，而是 10，逢 2 进 1。10 加 1，是 11。11 加 1，是 100，不是 12，这里有两次逢 2 进 1。然后，100 再加 1，是 101。如此，对应 0、1、2、3、4、5、6、7 的二进制数是 000、001、010、011、100、101、110、111。

把这 8 个二进制数、十进制数和相应的利害程度排列两行：

111	7	极有利	011	3	很少害
110	6	很有利	010	2	少有害
101	5	少有利	001	1	很有害
100	4	很少利	000	0	极有害

二进制数 0 和 1 可以代表阴阳，0 代表阴，1 代表阳。用阴爻替换 0，用阳爻替换 1，则相应的利害程度可以表示如下：

☰	7	极有利	☳	3	很少害
☷	6	很有利	☴	2	少有害
☲	5	少有利	☵	1	很有害
☶	4	很少利	☷	0	极有害

把八个卦排列在圆周上，就得到《易》的八卦。八卦开始出现于 6500 年前的伏羲时代，称为伏羲八卦。

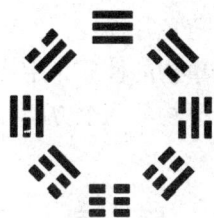

这种三画的卦叫作经卦。“经”是经纬的经，八卦如经纬交织，形成六十四卦。每一个经卦都有名字，加上卦名和上面的数字，如下图。

0、1、2、3、4、5、6、7，这 8 个数值代表经卦中阳的分量。经卦代表事物，0 代表该事物纯阴，不含有阳的要素；7 代表该事物纯阳，不含有阴的要素；1、2、3、4、5 和 6 代表阴阳复合体，既有阴的要素，也有阳的要素。这些阳的分量的数值，可以称为阳数。一个经卦的阳数是该事物所特有的，可以作为经卦的代号。

每一个经卦中阳的数目和阴的数目之和是 7，用 7 减去阳数就是阴数。相应于坤、艮、坎、巽、震、离、兑和乾卦的阴数是7、6、5、4、3、2、1和0。我国古时候计数从1开始，没有0，如果把各个阴数都加1，则成8、7、6、5、4、3、2、和1。这就是传统上说的一乾、二兑、三离、四震、五巽、六坎、七艮、八坤。传统上说的一乾、二兑、三离、四震、五巽、六坎、七艮、八坤中的一、二、三、四、五、六、七，八就是从1开始计数的八卦的阴数。

作为代表利害多少程度的八卦，从4到7卦，代表利，从3到0卦代表害。7卦代表有利无害，0卦代表有害无利。事物是多样的，不仅有利无害和无利有害，多数是既有利也有害。有利无害和无利有害是两个极端情况，多数事物是处于这两个极端情况之间的中间状态。八卦可以看成阴阳两半，扩大了阴阳的范围，不仅表示出性质相反的利害双方，而且表示出了利和害的中间状态。从利害关系上来说，八卦可以代表世界上的一切事物。

投资也要分析利害关系，多数情况是有利有害，利多害少，或者利少害多。绝对有利无害的事情是极少的，绝对有害无利的事情也是极少的。八卦的思维方法，可以帮助我们避免绝对化，避免片面性，办事要实事求是。

以上是用利害关系分析一个事物的性质，用一个经卦表示一个事物的利害程度。下面，用两个经卦表示一个事物的两个方面，一个经卦代表利，一个经卦代表害。

随 卦

孙子说，"故不尽知用兵之害者，则不能尽知用兵之利也。"可以把利害看做一个事物的两个方面。不过为了分析方便，也可以分别把它们看成两个抽象的事物。

害是抽象的，但是，它有质，它代表用兵中一系列的害处。害也有量，在具体情况下，害的程度是相对的，可以说害处很严重、严重、有些、轻微或不用考虑等等。所以可以用一个经卦代表害。

利也是抽象的，但是，它有质，它代表用兵中一系列的益处。益也有量，在具体情况下，益的程度是相对的，可以说益处极多、很多、有些、轻微或不用考虑等等。所以可以用一个经卦代表利。

一分为二的方法，把用兵分出害与利两个方面，再列举害与利。在什么条件下可以速战？在什么条件下不可以速战？要凭事实衡量害与利的程度。衡量了以后怎么办？《易》提供了衡量的方法，并且提供了如何制定策略的参考。

下面举例说明如何用《易》分析利害关系。

孙子曰："凡用兵之法，驰车千驷，革车千乘，带甲十万，千里馈粮。则内外之费，宾客之用，胶漆之材，车甲之奉，日费千金，然后十万之师举矣。其用战也胜，久则钝兵挫锐，攻城则力屈，久暴师则国用不足。夫钝兵挫锐，屈力殚货，则诸侯乘其弊而起，虽有智者不能善其后矣。"这段话说明用兵之害很严重。用 0 到 7 衡量害的程度，0 表示没有害处，7 表示害处最严重。所说的害很严重的情况，可以用 6 表示。用 6 卦，兑卦，表示用兵的害处。从数值看，兑卦的阳数很大，是 6，接近最大值 7，乾卦。

　　当然也有用兵之利，无利不用兵。这里孙子没有列举用兵之利，当时孙子是对吴王谈兵法的，吴王很清楚用兵之利，可能是没有必要说。用兵之利包括获取资源，保护自身安全等等。假设一个情况，用 0 到 7 衡量利益多少的程度。设利益不少，但不是很多，设其值为 4。用 4 卦，震卦，代表用兵之利。

　　利益是主方希望获得的，与主方的愿望一致，代表利益的经卦属主卦。害处是主方希望避免的，代表害处的经卦属客卦。在这个假设的例子中，主卦是 4 卦，客卦是 6 卦。主卦和客卦相重，主卦在下，客卦在上，成为一个别卦。这个别卦的代号是两个经卦的代号的比值，是 4:6。这个别卦的卦名是随，在周易中是第 17 卦。

随

害　　　　　　　　客卦

利　　　　　　　　主卦

4:6卦

　　图中，三画卦叫经卦。"经"是经纬的"经"，经卦是组成别卦的卦。主卦是一个经卦，代表主方，在这里代表利益。客卦也是一个经卦，代表客方，在这个运用中代表用兵之害。

　　图中，六画卦叫别卦，别指类别。经卦有 8 种，两个经卦相重共 64 种组合。在利害关系分析中，共有 64 个类别。随卦代表一个类别。随是 6:4 卦的卦名。卦名表明这个卦的主要意思。卦本来只有爻，完全抽象，为了帮助理解卦的含义，每个卦都有卦名。

　　卦名是古代人民在长期的实践中提炼出来的。周以前有《连山易》和《归藏易》，它们和《周易》一样都有 64 卦，卦名相同。据说，《连山易》是神农时代的《易》，《归藏易》是黄帝时代的《易》，《周易》是周文王时代的《易》。可见别卦的卦名可能出于神农时代以前，或者，伏羲时代就有了别卦。有别卦的时候就有了卦名。

　　随是顺从的意思，用于"随便"、"随从"、"跟随"、"随后"、"随意"等等。在这个关于作战的例子中，由于用兵之害很严重，而用兵之利虽不少，但其严重程度远不及用兵之害，这时，不能盲目追求速战，而是应当随从形势，"利而诱之，乱而取之，实而备之，强而避之，怒而挠之，卑而骄之，佚而劳之，亲而离之，攻其无备，出其不意"。下面是随卦的卦爻辞：

随卦的卦爻辞

4：6 随（《周易》第17卦）

随：元亨，利贞，无咎。

一阳：官有渝，贞吉；出门交有功。

二阴：系小子，失丈夫。

三阴：系丈夫，失小子；随有求得，利居贞。

四阳：随有获，贞凶；有孚在道，以明何咎？

五阳：孚于嘉，吉。

六阴：拘系之，乃从维之，王用亨于西山。

卦爻辞中的第一行的随是卦名。4：6是随卦的代号。在《周易》中随卦是第17卦。第二行中，随是卦名，其余是卦辞。接下来的是爻辞，一、二、三等是爻的编号。在别卦中，爻的编号是从下到上，第一爻是别卦的最底下的一条爻，第六爻是最顶上的一条爻。"阴"和"阳"表示爻的极性，"一阳"表示第一爻，阳爻。从前有关《易经》的书籍中，爻的编号中有"九"和"六"，那是算命的用法，这本书不用"九"和"六"。

【元亨，利贞，无咎。】

"元亨，利贞，无咎"是卦辞，综合说明卦所代表的情况。"元"是第一。"亨"（hēng），顺利。"贞"是坚持下去。"咎"（jiù）是怪罪。这条卦辞的意思是：如果顺从客方，事情进展会很顺利，应当坚持下去，无所怪罪。卦辞的前提是"随"，强调顺从形势。如果不"随"，不顺从双方的具体情况而强行速战，进展就不一定顺利；不坚持顺从的态度就不一定有利，主方就不一定不受怪罪。

【官有渝，贞吉；出门交有功。】

这是随卦第一爻的爻辞，这是阳爻，表示有利于用兵。"渝"，变化的意思。这条爻辞的意思是：指挥有变化，坚持变化是吉利的，出门交往有功劳。这条爻辞强调指挥策略要适应形势灵活变化，并且要坚持变化。用灵活变化的策略对外交往有可能取得成功。在计篇中孙子说"势者，因利而制权也"，说的也是要根据是否对我方有利而采取机动灵活的策略。

【系小子，失丈夫。】

这是随卦第二爻的爻辞。第二爻是阴爻，在这个具体例子中，表示用兵的利益不是很大。卦爻辞用文字说明绝对抽象的卦和爻，但是仍然保持抽象性与普遍性，用形象代替叙述。"小子"和"丈夫"都是形象，都是比喻，不能狭义地理解为具体的小子和丈夫。在这个例子中，"小子"是指相对弱小的一方，"丈夫"指相对强大的一方。也就是说，"小子"是指用兵之利，它的估计值是4；"丈夫"是指用兵之害，其估计值是6。这条爻辞的意思是：如果只注重用兵之利，可能会忽略用兵之害。这条爻辞提醒主方，不要为了一点眼前的利益，而忽视了严重的用兵之害。

【系丈夫，失小子；随有求得，利居贞。】

这是随卦第三爻的爻辞，第三爻是阴爻，表示用兵之利不是很大。在当前情况下，利与害之比是4：6，相对地，利比害小。"系丈夫，失小子；随有求得，利居贞"中"居"，居住、安居、居心叵测。"丈夫"指害，"小子"指利。爻辞的意思是：应当充分注意用兵之害，忘却用兵之利；随从对方而行动，则可以获得所希望有的东西。利于坚持安于现状。

【随有获，贞凶；有孚在道，以明何咎。】

这是随卦第四爻的爻辞，是阳爻，表示用兵之害很严重。"随有获，贞凶；有孚在道，以明何咎"，其中，"孚"（fú），诚信。在这个利害关系中，指认真对待。这条爻辞的意思是：随从对方，有收获，保留有害因素是危险的，认真对待困难合乎情理，以此明确行动，有何可以怪罪？

【孚于嘉，吉。】

这是随卦第五爻的爻辞，阳性，表示用兵之害很严重。这条爻辞的意思是：认真地致力于最佳效果，吉利。言外之意是，如果不是认真地致力于最佳效果，就不一定吉利。什么是最佳效果呢？在其他爻的爻辞中已经清楚地说明：要充分重视用兵之害，认真地随从敌方而行动以获得所希望的东西。

【拘系之，乃从维之，王用亨于西山。】

这是随卦第六爻的爻辞，阴性。表示用兵之害很严重，但不是极端严重。"拘系之，乃从维之，王用亨于西山"，其中，"拘"，拘留，拘束。"系"，联系，关系。"维"，维系，维护，维持。"王用亨于西山"，指周文王等周时的王在周的西部的岐山祭其祖先，是历史典故。这条爻辞的意思是：与敌方的行动紧密联系起来，以致维持顺从状态，像周王在岐山祭祖那样，尊敬并顺从祖先。

上面这个用《易》的例子有些特别，不是用别卦表示敌我双方，而是表示用兵的利与害这两个方面。为什么可以这么用呢？因为经卦本身是数字，利与害可以量化，用数字表示。在这种情况下，利是主方的愿望，所以，用主卦代表利，用客卦代表害。而卦爻辞中的判断都是从利的角度来看的，也就是说从主方的角度来看的。这个例子属于利害分析。前面的中孚卦的例子是属于关系分析。

益 卦

孙子说："善用兵者，役不再籍，粮不三载，取用于国，因粮于敌，故军食可足也。国之贫于师者远输，远输则百姓贫；近师者贵卖，贵卖则百姓财竭，财竭则急于丘役。力屈财殚，中原内虚于家，百姓之费，十去其七；公家之费，破车罢马，甲胄矢弩，戟楯蔽橹，丘牛大车，十去其六。故智将务食于敌，食敌一钟，当吾二十钟；其秆一石，当吾二十石。故杀敌者，怒也；取敌之利者，货也。故车战得车十乘以上，赏其先得者而更其旌旗。车杂而乘之，卒善而养之，是谓胜敌而益强。"由这段话可以引出一个别卦来代表敌我双方关系。

别卦包含两个经卦，一个经卦代表我方，另一个经卦代表敌方。经卦有三条爻，代表三个要素。一般情况下，经卦的三个爻的意义是：下爻——行动，中爻——素质，上爻——态度。

现在，从敌我双方的行动、素质和态度这三个要素来思考孙子说的这段话。

战争是在敌方国土进行，我方进攻，敌方防守；我方行动是阳，敌方行动是阴。代表我方的经卦是主卦，主卦的下爻是阳爻；代表敌方的经卦是客卦，客卦的下爻是阴爻。"取用于国，因粮于敌"反映一种供给与受用的关系。敌方供给，素质为阳，我方受用，素质为阴。因此，主卦的中爻是阴爻，客卦的中爻是阳爻。"故杀敌者，怒也；取敌之利者，货也。车战得车十乘以上，赏其先得者而更其旌旗。车杂而乘之，卒善而养之"，表明敌方抵抗，而我方优待俘虏。敌方的态度是阳，客卦的上爻是阳爻；我方的态度是阴，主卦的上爻是阴爻。所以，主卦的三个爻是阳、阴、阴，主卦是 4 卦，震卦。客卦的三个爻是阴、阳、阳；客卦是 3 卦，巽卦。主卦在下，客卦在上，两个经卦相重成为一个别卦。4 卦与 3 卦相重成为 4：3 卦，如图。

4：3卦

图中，益是卦名，表示我方受益，孙子说："是谓胜敌而益强。"4：3 是这个别卦的代号，表示这个别卦由主卦和客卦组成，主卦是 4 卦震卦，客卦是 3 卦巽卦，主卦与客卦的阳数之比是 4：3。主卦的下爻、中爻和上爻代表我方的行动、素质和态度；客卦的下爻、中爻和上爻代表敌方的行动、素质和态度。

益卦的卦爻辞

4：3 益（《周易》第42卦）

益：利有攸往，利涉大川。

一阳：利用为大作，元吉，无咎。

二阴：或益之十朋之龟，弗克违，永贞吉；王用享于帝，吉。

三阴：益之用凶事，无咎；有孚中行，告公用圭。

四阴：中行告公从，利用为依迁国。

五阳：有孚惠心，勿问元吉；有孚惠我德。

六阳：莫益之，或击之；立心勿恒，凶。

4：3 是益卦的代号，4 表示其主卦是 4 卦震卦，3 表示客卦是 3 卦巽卦。在《周易》中益卦是第42卦。

【利有攸往，利涉大川。】

这是益卦的卦辞，说明敌我双方总的情况。"攸"（yōu），助词，相当于"所"：性命攸关。"川"，河川。《易》用形象代替叙述，在这里，"川"是个形象，不宜狭义地解释为河川，在此具体情况下，可以解释为国境。这条卦辞的意思是：利于有所前进，利于越过国境。孙子说："取用于国，因粮于敌，故军食可足也。"

【利用为大作，元吉，无咎。】

这是益卦第一爻的爻辞。这是阳爻，表示我方积极主动进攻。这条爻辞的意思是：应当利用形势作大事业，非常吉利，无所怪罪。如果积极主动进攻，因粮于敌，就是孙子说的"善用兵者"，能够利用当前大好形势而取得丰硕成果，无所怪罪。

【或益之十朋之龟，弗克违，永贞吉；王用享于帝，吉。】

这是益卦第二爻的爻辞。这是条阴爻，表示主方受益于客方，主方的素质阴。"或益之十朋之龟，弗克违，永贞吉；王用享于帝，吉"中"朋"指古时的货币。"龟"，古时用于占卜。"十朋之龟"表示非常珍贵的礼物。"王用享于帝"是比喻。王是受祖先保佑的，是受益的。祖先是保佑王的，是给予的。这条爻辞的意思是，有人赠送非常珍贵的礼物，没有办法拒绝；永远坚持这种情况，就会像王祭祖先而得到保佑那样，吉利。爻辞的意思正合孙子说的"故智将务食于敌，食敌一钟，当吾二十钟；其秆一石，当吾二十石"。

【益之用凶事，无咎；有孚中行，告公用圭。】

这是益卦第三爻的爻辞，阴性，表示主方态度婉转。其中，"凶事"指战争。"孚"是信用，是为人所信赖的意思，如"深孚众望"。"中行"，行于中间，指行动适当。"告公"中的告者，是主方，"公"指客方。"圭"（guī），玉器，古代大臣拿着它朝见皇上。结合战争的具体情况解释，这条爻辞的意思是：在战争中受益，无所怪罪。诚恳地适当行动，以尊重的态度向对方说明建议。这条爻辞的意思正合孙子说的"车杂而乘之，卒善而养之"。

上面的三条爻辞根据我方的行动、素质和态度说明当前形势变化和我方应当采取的措施。下面的三条爻辞则是根据敌方的行动、素质和态度，从我方的角度，比较形象地说明当前情况。

【中行告公从，利用为依迁国。】

这是益卦第四爻的爻辞，阴性，表示客方行动被动。其中的"从"指顺从，听从，随从。"迁"指迁移，变迁。结合战争的具体情况解释，这条爻辞的意思是：由于我方行动适当，敌方顺从我方的意图，变迁国家。

【有孚惠心，勿问元吉；有孚惠我德。】

这是益卦第五爻的爻辞，阳性，表示客方给予。"有孚惠心，勿问元吉；有孚惠我德"中的"惠"指优惠、互惠、惠赠。结合战争的具体情况解释，这条爻辞的意思是：诚恳地对待敌方的人民，使敌方人民从心里感恩，不用问，非常吉利；诚恳地对待敌方的人民，用我方的高尚道德取得敌方人民的物质优惠。孙子说"取敌之利者，货也""车战得车十乘以上，赏其先得者而更其旌旗。车杂而乘之，卒善而养之，是谓胜敌而益强"，其义包含诚恳地对待俘虏，优待俘虏。在解放战争中，解放军的三大纪律、八项注意，更充分地体现了这条爻辞的精神。对敌人要毫不留情地打击，而对于敌方的人民和被俘士兵则要诚恳相待，这有助于在物质方面我方受益，也有助于瓦解敌人，最终取得战争胜利，如孙子所说"是谓胜敌而益强"。

【莫益之，或击之；立心勿恒，凶。】

这是益卦第六爻的爻辞，这条爻是阳爻，表示客方态度强硬。结合战争的具体情况解释，这条爻辞的意思是：对于态度顽固的敌人，不要做对他们有益的事，要打击他们。如果下的决心不坚定，则凶险。孙子说"故杀敌者，怒也"，激励战士斗志以坚决地消灭敌人。

孙子说："故知兵之将，民之司命。国家安危之主也。"这里的兵指作战。孙子突出了作战策略的两个要点：速战与因粮于敌。而因粮于敌又基于速战，速战成功了，才能在敌方站住脚，才能因粮于敌，从而"是谓胜敌而益强。"

在领会速战的策略时，用了随卦；而在领会因粮于敌时，用了益卦。用随卦的时候，用了卦的数量特性，卦是二进制数；主卦代表利，客卦代表害。用益卦时，用了卦的质量特性，经卦的下爻代表行动、中爻代表素质、上爻代表态度。数量与质量是统一体，事物都有质有量，卦是事物的抽象代表，也有质有量。

卦与权

孙子说："势者，因利而制权也。"我们可以结合卦的数的性质，参考数学知识来理解"权"的意思。把随卦顺时针转90度，把益卦也顺时针转90度，并列如下图。

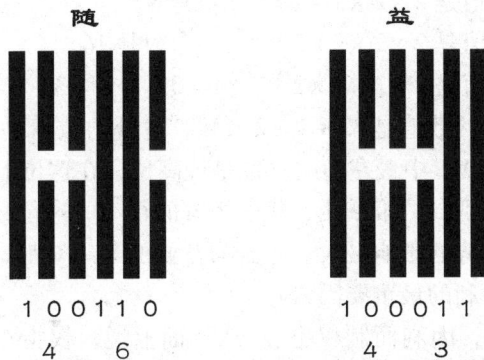

随　　　　　　　　　益

1 0 0 1 1 0　　　　　1 0 0 0 1 1
　4　　6　　　　　　　4　　3

图中，阳爻换1，阴爻换0，成二进制数100110和100011。这两个二进制数又可以转换成46和43。4、6、3都是八进制数，八进制数的规律是逢八进一。例如：

47 + 1 = 50 在十进制中 47 + 1 = 48

30 – 1 = 27 在十进制中 30 – 1 = 29

在二进制数字很长的时候，用八进制与十六进制读起来比较方便。这本书不是专门谈数学，书中没有谈十六进制，只谈二进制与八进制。八进制的特点是逢8进1，只有0到7这八个数字，只用三位二进制数而不用四位二进制数，只用421，不用8421。4 + 2 + 1 = 7，这是八进制数能够有的最大数；如果再加1，就要进位了，同时，它自己变成0。从最低位（最右边的一位）开始，由右向左，每三位二进制数成一组，相当于一个八进制数。益卦的二进制数是100011，分成两个组，100和011。第一组100是4，第二组011是3。4指100，也就是指震卦。3是指011，也就是指巽卦。益卦的主卦是震卦，客卦是巽卦，代号是4∶3。

经卦的数值范围从 0 到 7，没有 8。两个经卦组成的一个别卦自然地形成一个两位数的八进制数。随卦的八进制数数值是 46，益卦的八进制数数值是 43。

随卦的代号是 4:6，而不是 46；加了个比号，这是为了区别它在《周易》中的序号。在《周易》中随卦的序号是 17。益卦的代号是 4:3，而不是 43；这也是为了区别它在《周易》中的序号。在《周易》中益卦的序号是 42。

在十进制中，随卦的数值是 38。这可以用权来计算。数学中，一位数字的权表示该数字的分量。低位数字的权小，高位数字的权大。二进制中，从右往左数，最右边的一位数是最低位，最左边的一位数是最高位。6 位数各个位的权如下：

第 1 位：1 的数值是 1。权是 1。

第 2 位：1 的数值是 $2 \times 1 = 2$。权是 2。

第 3 位：1 的数值是 $2 \times 2 \times 1 = 4$。权是 4。

第 4 位：1 的数值是 $2 \times 2 \times 2 \times 1 = 8$。权是 8。

第 5 位：1 的数值是 $2 \times 2 \times 2 \times 2 \times 1 = 16$。权是 16。

第 6 位：1 的数值是 $2 \times 2 \times 2 \times 2 \times 2 \times 1 = 32$。权是 32。

由此可见，随卦的数值是 $32 + 4 + 2 = 38$。益卦的数值是 $32 + 2 + 1 = 35$。二进制数 100110 和 100011 中最左边的一位是最高位，在这位上的 1 相当于 32，权最大。这一位相当于别卦的第一爻，代表主方的行动。这位数字的权最大，表示主方的行动对整个局势的影响最大。随卦与益卦的第一爻都是阳爻，表示我方积极进攻是取得战争胜利的最重要因素。

孙子说："势者，因利而制权也。"从字面上说，权指权衡、权变。所谓的势，是根据战争的利害关系而制定权衡变化的策略。如果把这个"权"结合《易》来解释，所谓的势，就是根据战争的利害关系，确定一个别卦。随卦与益卦的第一爻都是阳爻，表示我方应当积极进攻，体现在作战中就是速战和因粮于敌。学习孙子兵法第一篇，核心是庙算；第二篇，是速战。在处理生活问题或工作问题的时候，反复思考是需要的，但是不能优柔寡断，失去战机。在发现战机时，需要果断决策，抓住战机，进行速战，即使速战中出了问题，应当随机应变，因粮于敌。"势者，因利而制权也"，积极行动是最高的权，是驾驭自己命运的权。随卦和益卦的主卦都是 4 卦，震卦。4 卦的卦象是雷。春雷滚滚，雷声隆隆。打雷不一定下雨，但是，滚滚雷声会唤醒冬眠的万物，会迎来洗涤世界的狂风暴雨。主方的主动行动是最高的权，《易》鼓励积极主动的行动。

第三章　谋攻篇

孙子曰：夫用兵之法，全国为上，破国次之；全军为上，破军次之；全旅为上，破旅次之；全卒为上，破卒次之；全伍为上，破伍次之。是故百战百胜，非善之善也；不战而屈人之兵，善之善者也。故上兵伐谋，其次伐交，其次伐兵，其下攻城。攻城之法，为不得已。修橹轒辒，具器械，三月而后成；距堙，又三月而后已。将不胜其忿而蚁附之，杀士三分之一，而城不拔者，此攻之灾也。故善用兵者，屈人之兵而非战也，拔人之城而非攻也，毁人之国而非久也，必以全争于天下，故兵不顿而利可全，此谋攻之法也。

故用兵之法，十则围之，五则攻之，倍则分之，敌则能战之，少则能逃之，不若则能避之。故小敌之坚，大敌之擒也。

夫将者，国之辅也。辅周则国必强，辅隙则国必弱。故君之所以患于军者三：不知军之不可以进而谓之进，不知军之不可以退而谓之退，是谓縻军；不知三军之事，而同三军之政者，则军士惑矣；不知三军之权，而同三军之任，则军士疑矣。三军既惑且疑，则诸侯之难至矣。是谓乱军引胜。

故知胜有五：知可以战与不可以战者胜，识众寡之用者胜，上下同欲者胜，以虞待不虞者胜，将能而君不御者胜。此五者，知胜之道也。故曰：知彼知己，百战不殆；不知彼而知己，一胜一负；不知彼不知己，每战必殆。

下面结合谋攻篇探讨两个别卦，先讨论泰卦。一个别卦包含两个经卦，一个经卦有三条爻，爻有阴阳，一个经卦是一个阴阳复合体，一个别卦是一对阴阳复合体。在这两个阴阳复合体之间，存在着复杂的和谐与不和谐的关系，列出这些关系就像是画出一张地图。有了地图就可以判断如何最捷径地到达目的地，明白别卦中各个爻之间的和谐与不和谐状态就可以制定最佳策略。判明别卦中各个爻是否处于和谐状态的方式很多，最重要的有两个，一是有应，一是当位。

有　应

不战而屈人之兵，是战争中的高超艺术。"不战"就没有对抗，靠阴阳和谐的艺术达到"屈人之兵"的效果。以己之阳对彼之阴，或者，以己之阴对彼之阳，是阴阳和谐策略。例如，乱而取之，实而备之，强而避之，等等。

实际上，事物是多因素组成的，不能够用简单的阴阳和谐达到完美的艺术效果，而必须在多因素之间谋取阴阳和谐。如果用主卦代表己，用客卦代表彼，主卦与客卦各有三条爻，代表行动、素质和态度等要素，主卦与客卦合组成别卦，在实际情况中，需要考虑六条爻之间的阴阳和谐。

主卦与客卦的相应的两条爻之间体现阴阳和谐，称为有应。

下爻有应：主卦的阳爻对客卦的阴爻，主方的行动是主动积极的，而客方的行动消极被动，主方引导客方，这种情况有应。或者，主卦的阴爻对客卦的阳爻，主方消极被动，客方积极主动，主方顺应客方，这种情况也是有应。

中爻有应：主卦的阳爻对客卦的阴爻，主方素质好，客方素质不好，主方施予，客方接受，这种情况有应。或者，主卦的阴爻对客卦的阳爻，主方接受，客方施予，这种情况也有应。

上爻有应：主卦的阳爻对客卦的阴爻，主方态度强硬，客方态度柔和，主方压制客方，这种情况有应。或者，主卦的阴爻对客卦的阳爻，主方态度柔和，客方特点强硬，主方顺从客方，这种情况也有应。

泰　卦

一般情况下，有应的状态对主方有利。用别卦代表己与彼双方时，要做到不战而屈人之兵，主卦和客卦的下爻、中爻和上爻必须全部有应。例如，7:0 卦，泰卦。

泰卦中，主卦的下爻阳，客卦的下爻阴，下爻有应。主卦的中爻阳，客卦的中爻阴，中爻有应。主卦的上爻阳，客卦的上爻阴，上爻有应。泰卦的三对爻全部有应。

泰卦的卦爻辞

7:0 泰（《周易》第 11 卦）

泰：小往大来，吉，亨。

一阳：拔茅茹，以其汇，征吉。

二阳：包荒，用冯河，不遐遗；朋亡，得尚于中行。

三阳：无平不陂，无往不复；艰贞无咎，勿恤其孚，于食有福。

四阴：翩翩，不富以其邻，不戒以孚。

五阴：帝乙归妹，以祉元吉。

六阴：城复于隍，勿用师；自邑告命，贞吝。

7：0 是这个别卦的代号，表示主卦的阳数是 7，没有阴；客卦的阳数是 0，没有阳。主卦与客卦的阳数之比是 7 比 0。"泰"是卦名，平安、安定的意思。主卦 7 卦的卦象是天，客卦 0 卦的卦象是地，整个形势像是天使地屈从之；不战而屈人之兵。在周易中，泰卦是第 11 卦。

【小往大来，吉，亨。】

这是泰卦的卦辞，综合说明当前的形势。主卦的卦象是天，天有无穷的威力；客卦的卦象是地，地对天无限顺从。因此，整个形势对主方有利。"小往大来"，交往中我方付出小，收益大。"吉"，形势对我方吉利。"亨"，进展顺利。

【拔茅茹，以其汇，征吉。】

这是泰卦第一爻的爻辞。"茅"，草本植物。"茹"（rú），柔软；柔茹而寡断。"汇"（huì），会合。这条爻辞的意思是：拔柔软的小草的时候，将草叶会合在一起拔；出征吉利。这一条是阳爻，表示主方积极行动。主方与客方的利益像草一样缠合在一起，而第四爻是阴爻，客方被动，因此，客方依附于主方。如果主方出征客方，吉利。不过，爻辞没有不出征就不吉利的意思。因此，"出征"，可以更广义地解释为对客方采取主动行动，不一定非得要采取军事进攻。孙子说："故上兵伐谋，其次伐交，其次伐兵，其下攻城。"出征吉利，可以理解为伐谋吉利、伐交吉利、伐兵吉利、攻城吉利。

【包荒，用冯河，不遐遗；朋亡，得尚于中行。】

这是泰卦第二爻的爻辞，这是阳爻，表示主方的素质是阳。"包荒，用冯河，不遐遗；朋亡，得尚于中行"中"包"指包括，无所不包。"荒"，荒野，落荒而逃。"冯"（píng）指涉水。"遐"（xiá）是远，遐方。"朋"是比，伦比，硕大无朋。"尚"是尊崇，高尚。结合当前的敌我形势，这条爻辞的意思是：我方实力广及荒野，凭实力跨越河川，不遗漏遥远地方，实力之雄厚无与伦比。我方适当的行动得到对方的尊崇。

【无平不陂，无往不复；艰贞无咎，勿恤其孚，于食有福。】

这是泰卦第三爻的爻辞，阳爻，表示主方态度强硬。"无平不陂，无往不复；艰贞无咎，勿恤其孚，于食有福"中"恤"（xù）是忧虑。结合敌我双方形势，这条爻辞的意思是：在与敌方的交往中会有反复曲折，无平不陂，无往不复；艰苦地坚持交往，无所怪罪。不用担忧，靠着诚信，有福气得到食物供应。正如孙子所说，"故兵不顿而利可全"。

【翩翩，不富以其邻，不戒以孚。】

这是泰卦第四爻的爻辞，阴性。"翩翩，不富以其邻，不戒以孚"中"翩"，很快地飞，翩翩，轻快地飞舞。这条爻表示敌方的行动被动，敌方顺从我方，为我方的积极行动创造了良好条件。结合敌我形势，这条爻辞的意思是：我方轻快地进入敌方领土；我方不大量掠取敌方财富，不仅仅依靠戒备而是以诚意对待敌方。

【帝乙归妹，以祉元吉。】

这是泰卦第五爻的爻辞，阴，表示客方素质差，实力薄弱。"帝乙归妹，以祉元吉"中"祉"（zhǐ），福。"帝乙归妹"是历史典故。"妹"指少女，"归妹"指嫁女。有的考证说，"帝乙"指商纣王的父亲帝乙，"帝乙归妹"指帝乙把女儿嫁给周文王。《易》常用形象代替叙述，这里用历史典故说明主方与客方建立亲善关系。结合当前敌我双方形势，这条爻辞的意思是：像帝乙归妹那样，我方与敌方建立亲善关系，以此我方受益，非常吉利。

【城复于隍，勿用师；自邑告命，贞吝。】

这是泰卦第六爻的爻辞，阴，表示敌方态度温柔。"城复于隍，勿用师；自邑告命，贞吝"中"复"，翻倒。"隍"，没有水的城壕。"邑"，都城。"命"，上级对下级的指示，命令。"吝"，过分爱惜：舍不得，吝啬。结合当前敌我双方的形势，这条爻辞的意思是：敌方的城墙已经覆倒在城壕里，不用攻城。自我方的都城发来命令。如果坚持战争，就过于吝啬。

泰卦的卦爻辞反映了孙子的话："故善用兵者，屈人之兵而非战也，拔人之城而非攻也，毁人之国而非久也，必以全争于天下，故兵不顿而利可全，此谋攻之法也。"泰卦所表现的敌我双方形势是可以"不战而屈人之兵"的一个例子。从这个例子可以看出，善之善者在用兵之前首先要创造有利形势：我方需要积极的行动、雄厚的实力与坚定的态度，抓住客方消极行动、实力薄弱以及态度优柔寡断的有利战机。用别卦表示，主客双方的三个要素完全是阴阳和谐，在卦的结构上，主卦和客卦的上爻、中爻和下爻都有应。

泰卦的卦爻辞是对泰卦结构比较具体的说明，它除了充分肯定形势有利以外，还提供了具体的策略：①积极主动扩张，扩张到客方的所有地方，荒野、河川，边远地区；②执行适当的政策，以诚信对待客方，不掠取客方财富；③并且与客方建立亲善关系。其结果，客方屈从，放弃抵抗，接受主方管辖。

当 位

在《易》中，泰卦并不是唯一的全部爻都有应的卦，全部有应的卦一共有八个。泰卦的代号是7:0，其他的七个全部有应的卦的代号是6:1、5:2、4:3、3:4、2:5、1:6 和0:7。也就是说，凡是主卦和客卦的阳数之和是 7 的别卦，它们的爻都是全部有应。这八个别卦的经卦在八卦图上是对称分布。如图：

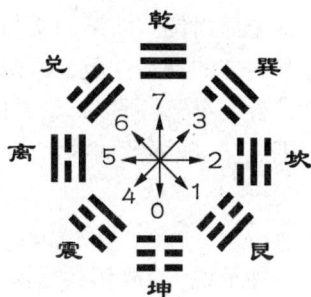

八卦图中对称的两个经卦都可以组成完全有应的别卦，它们的两个经卦的阳数之和都是7:7 + 0 = 7，6 + 1 = 7，5 + 2 = 7，4 + 3 = 7，3 + 4 = 7，2 + 5 = 7，1 + 6 = 7，0 + 7 = 7。它们的下爻、中爻和上爻都是阴阳和谐。但是，它们代表的情况并不是都符合"不战而屈人之兵"的条件。这就是说，考虑主客双方情况时除了考虑是否有应以外，还要考虑其他条件，其中最重要的条件是当位。

当位就是位置适当。在社会上，品质恶劣的人当领导，不当位；年富力强才华出众的人流落江湖也是不当位。《易》的别卦中，阴爻或阳爻在适当的位置上叫当位；反之，在不适当的位置上叫不当位。

在别卦中，爻的位置从下往上数，最下面的是第一爻，最上面的是第六爻。别卦中六条爻最和谐的方式是阳阴相间，从第一爻到第六爻，爻的性质是阳、阴、阳、阴、阳、阴。第一、三、五爻的位置叫阳位，第二、四、六爻的位置叫阴位。阳爻在阳位或阴爻在阴位，是当位。不然，是不当位。一般，当位的爻（要的意思）是对主方有利的要素，不当位的爻是对主方不利的要素。

发展了三千多年的易学，其中有很多关于别卦结构分析的内容，关于吉凶判断的内容。我们继承它，吸收其精华，去其糟粕，去粗取精。本书中只介绍有应与当位，避免谈其他。异性相吸、同性相斥是最普通的自然形象，阴阳和谐是最基本的自然规律，有应与当位都是阴阳和谐的具体运用。

考虑有应和当位，泰卦的结构可以表示如下：

图中，右边的细折线表示有应。泰卦的下爻、中爻和上爻都有应。黑色的爻是当位的爻，灰色的爻是不当位的爻。泰卦的 6 条爻中除了第二爻与第五爻以外，全部当位。而第二爻与第五爻是中爻、有应。中爻是表示素质的爻，代表主方和客方的基本性质，这两条爻有应，是吉利的象征。泰卦的卦辞是"小往大来，吉，亨"。所以，泰卦的结构显示一种对主方很有利的形势，可以代表"十则围之"，我强敌弱的情况。

否 卦

孙子说："故用兵之法，十则围之，五则攻之，倍则分之，敌则能战之，少则能逃之，不若则能避之。"在用兵的时候，实际情况并不都是能够"不战而屈人之兵"，有时候需要攻、分、战，甚至逃，甚至避，"避"也是一种与敌方的强大进攻相和谐的策略。"十则围之"的形势可以用泰卦表示，而"不若则能避之"的时候，敌我双方的情况正好与泰卦相反，否卦。这时我方被动防守，敌方主动进攻；我方实力薄弱，敌方实力雄厚；我方态度柔和，敌方态度强硬。虽然否卦的三对爻也是全部有应，但是显然其形势不如泰卦的形势有利。所以，除了有应以外，还有一个判断形势好坏的原则，这个原则是当位。

"不若则能避之"，我弱敌强，这种情况可以用否卦代表。否卦的结构如下：

0:7卦

"否"是 0∶7 卦的卦名。"否"，不是，否定。否定不一定是坏事，坏的东西被否定了是好事。不少人认为否卦是个对主方很不利的坏卦，其实并非如此。

否卦右边的细折线表示有应，否卦的爻全部有应。根据阴阳和谐的原则，第一、三、五爻的位置是阳位，二、四、六是阴位。阳爻在阳位是当位，阴爻在阴位也是当位，否则不当位。图中黑色表示当位，灰色表示不当位。当位是位置恰当，对主方有利；不当位对主方无利。否卦中只有两个爻当位，四个爻不当位，对主方不利。第二爻和第五爻是两个经卦的中爻，称作中位，一般，中位有利于主方。两个中爻既中位又当位而且有应是对主方很有利的因素。综合起来看，否卦对主方显中性，稍许偏不利，但不是很坏。否卦不是一个坏卦。

否卦的主卦有两个不当位的爻，一个是下爻，另一个是上爻。下爻阴表示行动被动，中爻和上爻阴表示素质很差，下爻和上爻不当位表示问题主要产生于消极被动和太差的素质。客卦的下爻和上爻不当位，但是与主卦的下爻和上爻有应，表明客方对主方有压力，迫使主方顺从客方。两条中爻当位、而有应，表示主方虽然受控于客方，但是也可以从中受益。

否卦的主卦是 0 卦，坤卦。其客卦是 7 卦，乾卦。坤卦的卦象是地，乾卦的卦象是天。地接受天上的光和热，抚育万物生长，这不是坏事；不过，地上的一切必须顺从天的变化，受控于天，地自己的个性被否定了。在敌我关系的例子中，地象征我方，天象征敌方，我方必须顺应敌方的行动而变化。否卦的"否"是否定我方的自由选择而不得不适当地应付敌方。

否卦的卦爻辞

否卦的下中上三个爻虽然全部有应，但是，有四个爻不当位。这说明当时的情况对主方不利。下面是否卦的卦爻辞：

0:7 否（《周易》第 12 卦）

[否]：否之匪人，不利君子贞；大往小来。

一阴：拔茅茹，以其汇；贞吉，亨。

二阴：包承，小人吉，大人否，亨。

三阴：包羞。

四阳：有命无咎，畴离祉。

五阳：休否，大人吉。其亡其亡，系于苞桑。

六阳：倾否，先否后喜。

0:7 是否卦的代号，表示否卦的主卦是 0 卦坤卦，客卦是 7 卦乾卦，主卦与客卦的阳数之比是 0:7。在周易中，否卦是第 12 卦。

【否之匪人，不利君子贞；大往小来。】

这是否卦的卦辞。"否"，不是。"匪"，抢劫财物、危害他人的坏人。"君子"，人格高尚的人。"贞"，坚持下去。这条卦辞的意思是：被力量强的人否定，您不宜再坚持下去；付出大收回少。"匪人"不一定指坏人，而是指强人，力量强大的人。《易》的卦爻辞有普遍性，对卦爻辞的解释需要适合于各种不同的关系。用力量强弱形容一个人，力量的强弱程度有普遍性，然而，不宜用好坏形容人，好坏的程度有道德含义，没有普遍性。在这里，"匪人"指敌方，敌方的实力雄厚。"君子"指我方，在这里相当于尊敬地称"您"，不一定确指品德高尚。"不利君子贞"，是"不利于坚持您本来的状态"。这个别卦中的四个不当位的爻，显示了对我方的不利因素，所以说"否之匪人，不利君子贞"。这个别卦中的三对爻有应，而且一对中爻既当位又有应，这是有利因素。不过在这些有应的关系中都是客方阳，主方阴，主方受制于客方，所以说"大往小来"。"大往小来"而不是"大往无来"，这也正如孙子说的，"不若则能避之"。"不若则能避之"是指战术说的，"避之"不是"无来"，而是少来；不是远远脱离敌人的逃避，而是避免自己受损失，巧妙地消耗敌人的有生力量，待机夺取最后胜利。

【拔茅茹，以其汇；贞吉，亨。】

这是否卦第一爻的爻辞。"茅"，草本植物。"茹"，柔软：柔茹而寡断。"汇"，会合。"贞"，坚持下去。"亨"，顺利。这条爻辞的意思是：拔柔软的小草的时候，将草叶会合在一起拔；坚持下去吉利，顺利。第一爻是阳位，阴爻在阳位，不当位，表示我方的消极被动对自己不利；同时第一爻与第四爻有应，这对我方有利。综合起来看，在不利的形势下，存在有利因素。爻辞用拔茅草作例子，提醒我方要全面考虑，谨慎行事。拔柔软的茅草，要把草的叶子会合在一起拔，才能把茅草连根拔起，如果只揪一片或几片叶子，叶子揪断了，而根拔不出来。具体来说，在对敌斗争中，不能只争一城一地的得失，而要着眼于全部消灭敌人。争一城一地的做法，像只揪草叶，不"以其汇"的做法，那不是明智。上面否卦的结构图上，右边的细折线表示第一爻和第四爻有应。第四爻是阳爻，代表敌人在积极进攻。敌方的压力迫使我方与其周旋，必须坚持下去，坚持下去采取适应形势的战术，才会有最后胜利，所以说，"贞吉"。尽管敌方以雄厚的实力猛烈进攻，如果我方能够随机应变，采取适应当前情况的战术，我方将进展顺利，所以说"亨"。

【包承，小人吉，大人否，亨。】

这是否卦第二爻的爻辞。"包"，总揽。"承"，接受。这条爻辞的意思是：主方能够承受客方的给予，当小人物吉利；不当大人物，事情顺利。第二爻代表我方的素质，爻辞说明我方的素质对当前双方关系的影响以及我方应当怎么办。我方实力微薄，素质是阴，这决定了这个爻是阴爻。第二爻的位置是阴，阴爻在阴位，当位；这条爻是主卦的中爻，中位；在客卦方面，客卦的中爻是阳爻。主卦和客卦的中爻是一阴一阳，有应。第二爻既当位又中位而且有应，对主方有利。这个对主方有利的爻，不是说我方应当维持低素质，而是说可以利用当前的形势，保存和发展自己的力量。"包承"表达了第二爻对我方有利的意思，敌方的实力已经暴露，提供了消灭敌人有生力量的机会，我方不应当逃避，而是应当包下来，承受下来，所以说"包承"。"小人吉，大人否"说明我方应当怎样对待客方。我方应当隐蔽保护自己，采取低姿态，"小人吉"；如果暴露自己的实力，轻举妄动，那样会有风险，"大人否"。孙子说："故能而示之不能，用而示之不用，近而示之远，远而示之近。""亨"的意思是顺利。如果我方正确地认识自己和对待敌方，我方就能够顺利地把敌方的进攻全部接受过来，并且消化掉。

【包羞。】

这是否卦第三爻的爻辞。"包"，总揽。"羞"，感到耻辱。这条爻辞的意思是：忍受全部羞耻。第三爻表示主方的态度。主方的态度温和，是阴，决定了这个别卦的第三爻是阴爻。第三爻的位置是阳位，阴爻在阳位，不当位，对主方不利。另一方面，代表客方态度的第六爻是阳爻，两个代表态度的爻是一阴一阳，有应，这是对主方有利的因素。综合起来考虑，第三爻是中性，对主方不好不坏。这条爻辞只有两个字，既没有说有利也没有说不利，只是说忍受全部羞耻。这可以理解为对当前情况的描述，也可以理解为对主方的建议。在八卦表示事物自身发展变化过程中，上爻变化频繁，主卦的上爻表示主方的多变因素，态度是一种多变因素，因之，第三爻代表主方的态度。不过，第三爻不仅表示主方的态度，而且表示素质的附加因素。第二爻是阴爻，表示主方的素质差，第三爻也是阴爻，则表示主方的素质很差。素质很差，是羞耻，主方应当承认这个现实，所以说"包羞"。与此相反，客方的素质很好，态度很强硬，主方顺从客方，体现了主客双方的阴阳和谐，在别卦中反映出有应。在态度强硬的敌人面前，我方必须正视自己的弱点，顺应客方，所以，"包羞"，忍受全部羞辱。这也是对我方的建议。只有忍受全部羞辱，才能奋发图强，彻底改善处境，建议我方不要对敌方的挑衅沉不住气。

【有命无咎，畴离祉。】

这是否卦第四爻的爻辞。"命"，命令。"畴"，田地，种类。"离"，分开。"祉"，福。这条爻辞的意思是：主方执行客方命令无所怪罪，分离客方，主方受益。第四爻是客卦的下爻，代表客方的行动。敌人是客方，敌方主动进攻，其行动是阳。第四爻的位置是阴位，阳爻在阴位，不当位，对主方不利。另一方面，第四爻和第一爻是一阴一阳，有应，对主方有利。综合地看，是不好不坏。"有命"是指敌方的攻势。我方顺应敌方的攻势而撤退或转移，以保护自己的战斗力少受损失，不应当受到怪罪，所以说"有命无咎"。第四爻和第一爻之间的有应，表示主客双方的步伐和谐协调，敌进我退。在退中有转移，有穿插，将敌人一块一块地分割开，就像抗日战争中，八路军转入敌后，建立根据地，进行游击战争，把敌人分离在城镇中，有利于消耗敌人有生力量，我方的力量得以维持和发展壮大，所以说"畴离祉"。

【休否，大人吉。其亡其亡，系于苞桑。】

这是否卦第五爻的爻辞。"休"，停止。"其"，他、她或它。"亡"，丢失、消灭、死亡。"系"，捆住。"苞"，茂密丛生。"桑"，桑树。这条爻辞的意思是：不要否定客方，客方以大人物自居对主方吉利。他将灭亡，他将灭亡，把他捆在桑树丛中。"大人"是谁？指客方，客方强健有力，是大人物。这个例子中，客方是敌人，敌人的实力雄厚，他的素质是阳。第五爻是阳爻，表示客方的优良素质。第五爻是阳位，阳爻在阳位，当位。第五爻中位、当位，又有应，在爻辞中体现为"休否"和"吉"。"否"，否卦卦爻辞的主题，什么该否定？什么不该否定？该否定的是我方的实力薄弱。不应当否定的是敌方的实力雄厚，所以，在表示客方素质的爻辞的开始是"休否"二字，进而一个"吉"，说明我方充分估计敌方的实力，这对我方采取适当的策略有好处。"其亡"中的"其"指谁？"其"指他、她或它，不是我自己。在这个敌我关系中，除了我方，就是敌方，这个他就是敌方。敌方把有生力量暴露在我方面前，受到我方持久的游击战争打击，其军事力量逐渐削弱，一步一步地走向灭亡。"系于苞桑"中"系"的人是谁？被"系"的是什么人？为什么要"系"？从字面上理解，桑树丛是密集的小树，象征人民战争。"系"的人是我方，被"系"的是敌人，把敌人在人民战争中拖垮，直至他灭亡。

【倾否，先否后喜。】

这是否卦第六爻的爻辞。"倾否，先否后喜"中的"倾"，歪，斜，倒塌。这条爻辞的意思是：将否定向主方倾斜，首先否定然后才有欢喜。第六爻代表客方的态度。客方态度强硬，态度是阳。这决定了别卦的第六爻是阳爻。另一方面，第六爻的位置是阴位，此爻不当位，换句话说，客方的态度这个要素对主方不利。相应地，主方态度温和，避免与客方冲突，在卦中表现为第六爻和第三爻之间有应。客方的强硬态度是有雄厚的实力撑着，主方不能否定客方的态度，而主方的温和是由于过分软弱的实力，不得不温和。不过主方不应当过分温和而投降或逃跑。也就是说，要将否定向主方倾斜，"倾否"。如果我方是软中有硬，不放过机会教训敌人，则可以保护群众，迫使敌人不至于太猖狂。由于我方得到群众支持，我方坚持斗争，敌人的有生力量逐渐耗尽，我方逐渐强大，形势逐渐变得有利于我方，所以说"先否后喜"。这里的先后是条件和结果，"倾否"是条件，欢喜是结果。

卦爻辞本身是广义的，具体运用中的解释是狭义的，由普遍性的卦爻辞到具体运用，必须结合具体情况解释卦爻辞。回过头来看前面结合"不若则能避之"解释否卦的卦爻辞，否卦的卦爻辞反映了"不若则能避之"的必须条件，即我方的实力必须远远小于客方的实力，由于"不若"，只好"避之"。不仅如此，而且从卦爻辞中还可以得到一些孙子没有说明的策略。首先，"避之"不是"大往无来"，而是"大往小来"，要与敌人巧妙周旋，避免自己的有生力量受到损失，保护群众，争取群众支持，不失时机地消灭敌人有生力量，争取战争的最后整体胜利。要"以其汇"，要"小人吉"，要"包羞"，要"畴离"，要"系于苞桑"，还要"倾否"。卦爻辞的每一条都提供了重要的策略建议。

《易》用抽象的方法表示事物的性质和变化，其表示的手段就是阴阳以及阴阳趋于和谐的规律。在复杂的现实生活中，卦的有应和当位反映出阴阳和谐的规律。泰卦与否卦都代表两种主客关系的情况，主方和客方都是阴阳复合体，而阴阳和谐体现在阴阳复合体的各个要素之间，也就是在主卦和客卦的爻之间，阴阳和谐规律体现为有应与当位。有应和当位的情况决定于卦的结构，反过来，又决定了卦的性质，决定了卦对于主方是有利、无利、或者不好不坏。

而卦爻辞则是对卦的结构的文字说明。卦爻辞的内容有一定的时代背景，但是它的中心思想与卦的结构一致。尽管卦爻辞用文字说明卦的性质，与卦形比是具体了一些，然而，仍然保留了卦的抽象性与普遍性，用形象代替叙述。卦爻辞是广义的，具体运用是狭义的，由普遍性的卦爻辞到具体运用，必须结合具体情况解释卦爻辞。回过头来看前面结合"不战而屈人之兵"解释泰卦的卦爻辞，泰卦的卦爻辞不仅反映了"不战而屈人之兵"的必须条件，即我方的实力必须远远大于客方的实力；而且，从卦爻辞中还可以得到一些孙子没有说明的策略。

可见，《易》的卦爻辞与卦的关系如同人的皮肤与机体之间的关系，离开了机体，皮肤就失去了生命。同样道理，如果离开了卦的结构去讨论卦爻辞，那么对卦爻辞的解释就失去了生命力，也就是说失去了《易》本来所具有的威力，失去了《易》的灵魂，而不能应用于现代社会，不能对社会发展起到推动作用。

因此，我们需要摆脱封建落后文化的束缚，消除算命对《易经》的污染，吸取易学中有价值的研究成果。有应与当位是历代易学的研究成果，用现代的知识鉴别它们，它们是科学的、合理的，我们需要把它们与算命分别开。泰卦与否卦的运用的例子，说明了孙子关于用兵之法的论述既反映了阴阳和谐的思想，也反映了当位的思想。"十则围之"和"不若则能避之"，这两种截然不同的策略决定于敌我双方的力量对比。力量的对比可以从泰卦和否卦的代号上看出来，泰卦的代号是7:0，否卦的代号是0:7。别卦的代号是主卦和客卦的阳数的比值，在军事上，反映了敌我双方力量的对比。从卦的结构看，泰卦和否卦都是全部有应，但是它们的当位情况则大不相同。

《易》有根有叶。根是卦，叶是辞。根生在肥沃的土壤中，土壤是事实。因为《易》的根生在事实这个肥沃土壤中，所以根深叶茂。在这个例子中，土壤是对战争形势的分析。当前，敌方的力量十分强大，我方力量十分微小，力量对比非常悬殊，我方不可能与敌方抗衡，形势"不若"。卦生长在土壤中，根据对形势的估计，得到以主卦为坤卦和客卦为乾卦的别卦，否卦。卦爻辞是叶，在别卦的基础上，有了卦爻辞。卦爻辞的基本意思和卦是一致的，也和对当前形势的估计一致，但是更具体、更形象、更深刻。

孙子手中解易的钥匙

现在很多人在学习《孙子兵法》，也有很多人在学习《易经》，解说《孙子兵法》的人很多，解说《易经》的人也很多。《孙子兵法》是部军事科学巨著，其性质很明确，而《易经》则被视为迷宫。其实，打开这迷宫的钥匙就在《孙子兵法》中，就是孙子在《谋攻篇》中说的这句话："知彼知己，百战不殆；不知彼而知己，一胜一负；不知彼不知己，每战必殆。"

前面结合"不战而屈人之兵"解释了泰卦，又结合"不若则能避之"解释了否卦。这些解释都很简单，疑难词句的解释绝大多数都是根据供中等文化程度读者用的小型新华字典。

"知彼知己"是解易的钥匙

历史上《易》的研究者很多，解释也有很多种，到底哪一个是《易经》的真解呢？在考虑这个问题的时候，不妨先问一下，如果有 100 个人，各拿一把直尺，通过纸上的一个固定的点，画一条直线，请问，画出的 100 条直线中，哪一条是真正正确的直线？

无法回答，因为通过一个固定的点，可以画无穷多的互不相重的直线。一个点不能决定一条直线，必需两个点才能决定一条直线。所以说，没有另外一个点，只通过一个点作的直线不能够算是正确的直线的真解，至于画一条仅仅接近于一个点而没有准确地通过这个点的直线就更没有办法肯定它是唯一的真解。

《系辞》与《周易正义》把"系于苞桑"这四个字说成是自己系自己，系了以后就安全了。《周易古经白话解》把"系"改成"植"，把"系于苞桑"译成"幸亏植桑而未亡"，显然是篡改爻辞原义。《周易十讲》把"系于苞桑"解释成"你们的命运就像维系在柔弱的苞草或桑枝上一样"，在"系于苞桑"这四个字上添加了"你们的命运"和"柔弱"，显然也是篡改爻辞原义。《周易密义》把"系于苞桑"解释成"蚕茧系于苞桑，不逃将有鼎烹之灾。逃则可以得阳，雌雄交配，繁殖后代"，这种解释大胆地否定了《系辞》中的居安思危的说法，认为"系于苞桑"不是安全，而是将有"鼎烹之灾"，并且，加了"蚕茧"两字，还使用了隐语和秘义，好像是画了一条仅仅接近于一个固定点的直线，而不是通过这个点的直线，这不可能是《易经》的真解。《易经与孔子的蝉蜕龙变》把"系于苞桑"解释成"小人是否能灭，将系于能否像'苞桑'一样连根拔起"，本来是"系于苞桑"，现在成了"系于……拔起"，偏移了原来的意思，就像是画了一条偏移了一个固定点的直线。这个解释不可能是爻辞原来的真正的意思。

　　大家都知道，必须通过两点才能作一条直线，同样的道理，解释《易经》的卦爻辞的时候，也必须通过两点，一点是卦爻辞本身，另一点是所要咨询的事实。下面是示意图。

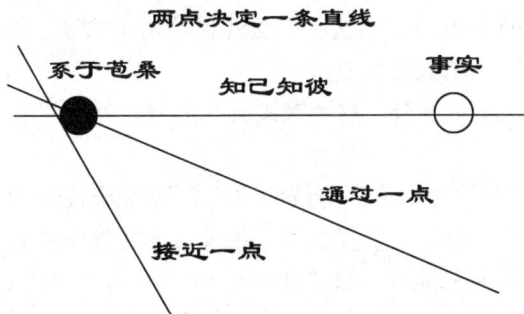

两点决定一条直线

系于苞桑　　知己知彼　　事实

通过一点

接近一点

　　孙子说："知彼知己，百战不殆；不知彼而知己，一胜一负；不知彼不知己，每战必殆。"既要了解自己，也要了解对方，了解了己彼双方以后，就能够对事实有个全面了解，而卦爻辞正是针对这个全面了解的情况提供策略。否卦第五爻中的"系于苞桑"是个不完全句，将它和具体的事实结合起来，就有了针对这个具体情况的完整的意思。

　　前面在分析孙子说的"不若则能避之"的时候，根据敌我双方力量的极端悬殊，用0:7卦，否卦，代表当时的形势。后来，又以否卦第五爻为例，说明在解说《易》的时候必须把卦爻辞与实际情况联系起来，就像是通过两个固定点画一条直线。两点决定一条直线，而这条联系卦爻辞与实际情况的直线就是孙子说的"知彼知己，百战不殆"。

　　"知彼知己，百战不殆"，这句话是理解《易》的关键。现在再进一步分析否卦第五爻的爻辞以说明这个关键，见下图：

休否，大人吉。其亡其亡，系于苞桑。

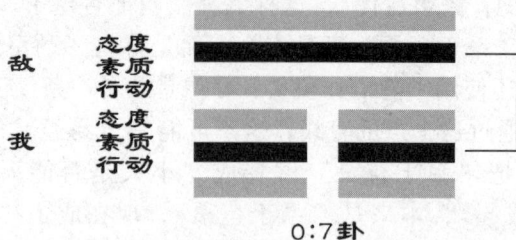

0:7卦

0:7 是卦的代号，《易》的六画卦叫别卦，别是类别的意思。《易》有 64 个卦，代表 64 种关系。否卦代表力量小与力量大的极端悬殊的一种关系。一个别卦有六条线，线叫爻，是要的意思，一条线代表一个要素。爻的位置由下往上数，最下面的是第一爻，最上面的是第六爻。现在我们分析的是第五爻。

卦本身只有由直线表示的爻，是抽象而普遍的表达方式。卦有卦辞和爻辞。卦辞说明卦所代表的关系的总的状态，爻辞说明爻的含义。"休否，大人吉。其亡其亡，系于苞桑"是第五爻的爻辞。

一个别卦包含二个三画卦，这种三画卦叫经卦。八个经卦如经纬交织而成六十四个别卦。

"知己知彼"就是说要知道己与彼的双方情况，这就告诉我们，别卦的两个经卦中有一个代表己，而另一个代表彼。代表己的经卦叫主卦，代表彼的经卦叫客卦。中文的词序是主先客后，如"我爱祖国"，"我"先"祖国"后，爻的顺序是从下到上，因此别卦的主卦在下，客卦在上。在敌我关系中，下面的经卦代表我，是主卦；上面的经卦代表敌，是客卦。

"知己知彼"，要实事求是地了解和分析己和彼双方的具体情况，经卦的三条爻代表三个要素，就是说，爻代表具体情况。在兵法上，双方的情况应当包括各自的道、天、地、将、法和势，而对于普遍的人与人之间的关系来说则可以概括为行动、素质和态度这三个要素。经卦来自土圭测日影，由土圭测日影的分析得知经卦的下爻代表行动，中爻代表素质，上爻代表态度。上图显示，第五爻代表敌方的素质，表示敌方实力雄厚。

上面画的否卦中，第五爻是黑色，第二爻也是黑色。黑色表示当位，灰色表示不当位。当位指位置适当，对主方有利。别卦的六个爻配置的最理想状态是阳、阴、阳、阴、阳、阴。第三、五爻的位置是阳位，第二、四、六爻的位置是阴位。否卦的第五爻是阳爻在阳位，因此，当位，对主方有利。

图中右边的细折线表示有应。主卦和客卦对应的两个爻一阴一阳，体现了阴阳和谐，是有应。一般，有应有利于主方。这个图表示否卦第五爻的情况，为了表示得清楚一些，其他的有应关系没有表示出来。

从否卦的结构看，第五爻是中爻，当位，而且有应，对主方有利。这决定了爻辞中的"吉"，"大人吉"的"吉"。卦是从主方的角度对形势的分析，卦爻辞中的吉、凶等判断词是对主方说的，"吉"指对主方有利，而不是指对客方有利。为什么对主方有利？如何对主方有利？爻辞作了详细说明，爻辞像是画龙点睛，点出爻的含义。

"休否"，意思是不要否定。

谁不要否定？这是指主方说的，建议主方不要否定。不要否定什么？这是第五爻，第五爻表示客方的素质，表示客方素质良好。不要否定客方的良好素质。在当前情况下，客方的良好素质指其强大的军事实力，"休否"的意思是不要否定敌人的强大的军事实力。这两个字，建议我方要正视现实，认真对待力量强大的敌人，不能掉以轻心。这是利用当前形势，使其有利我方的先决条件。如果不承认现实而否定敌人的实力强大，就会盲目冒险，受到敌人打击。

"大人吉"。谁是大人？是力量强大的客方，在这里指敌人，我方力量薄弱，不可能是"大人"。这里的"大人"指敌方炫耀实力。敌人炫耀实力，给了我方避开锋芒，打击敌有生力量的机会，这对我方是有利的。主方应当意识到这个有利机会，抓住机会，利用机会，为我方创造利益。

"其亡其亡"。"其"指谁？"其"不是指自己，"其"是指他，这里是指客方。爻辞告诉主方，不要被敌人炫耀实力吓倒了，要从中看到，敌人炫耀实力是我们消灭其有生力量的机会，从敌人貌似强大的炫耀中，要看到敌人将要失败，将要灭亡。

"系于苞桑"。谁"系"？"系"谁？为什么"系"？"苞桑"指什么？自己不会把自己系在"苞桑"中，连同前面的"其亡其亡"一起读，被系的应当是"其亡"的"其"，是他，是敌方，"系"敌方的是我方，"系于苞桑"的意思是我方把敌人系于"苞桑"丛中。"苞桑"是个形象，象征我方的人民群众，用人民战争把敌人牵制住，消耗敌人的有生力量，使其逐渐削弱，逐渐灭亡。

由此可见，卦的结构说明了第五爻对我方有利，而爻辞又对这条爻的示意作了进一步具体说明：不要否定敌人的实力强大，敌人炫耀实力对我方有利，敌人炫耀实力是他走向灭亡的象征，把敌人牵制在人民战争的苞桑中，逐渐消耗他的实力，促使他走向灭亡。

上面的解释合情合理，合乎敌我力量对比悬殊的具体情况，合乎事物变化发展的道理。孙子说的"知彼知己，百战不殆"这句话使我们理解到《易》的别卦代表敌我双方，这句话启发我们把《易》的卦爻辞和事实联系起来，这句话是开《易》这把锁的钥匙。结合敌我关系双方力量对比悬殊，敌强我弱的具体情况，分析卦爻辞不仅加深对《孙子兵法》的理解，而且得到了《孙子兵法》中没有详细说明的战略思想。

另一方面，我们也要注意到《易》的普遍性，对于不同的具体情况，卦爻辞的解释也应当不同。人际关系多数不是敌我关系，多数情况下不能用上面的解释。卦爻辞的一字多义和形象表达方式等保持了卦爻辞的普遍性。例如，否卦第五爻中"其亡其亡"的"亡"可以解释为灭亡，也可以解释成消失。"系于苞桑"只是说把客方"系"住，并没有限定"系于苞桑"以后怎么办，是打死，是保护，还是维持当时状态不让变动？这些都是留有解释的余地。当然，这也被一些骗子利用，随心所欲地胡乱解释以欺骗人民，但是，如果以孙子说的"知彼知己"为直尺，把卦爻辞和具体情况结合起来，其解释就会合情合理。拙作《易经与孙子兵法》中有一个用于雇佣关系的否卦的例子，对否卦卦爻辞的解释与这里完全不同，欢迎读者阅读和比较。

第四章 形 篇

孙子曰：昔之善战者，先为不可胜，以待敌之可胜。不可胜在己，可胜在敌。故善战者，能为不可胜，不能使敌之必可胜。故曰：胜可知，而不可为。

不可胜者，守也；可胜者，攻也。守则不足，攻则有余。善守者藏于九地之下，善攻者动于九天之上，故能自保而全胜也。

见胜不过众人之所知，非善之善者也；战胜而天下曰善，非善之善者也。故举秋毫不为多力，见日月不为明目，闻雷霆不为聪耳。古之所谓善战者，胜于易胜者也。故善战者之胜也，无智名，无勇功，故其战胜不忒。不忒者，其所措必胜，胜已败者也。故善战者，立于不败之地，而不失敌之败也。是故胜兵先胜而后求战，败兵先战而后求胜。善用兵者，修道而保法，故能为胜败之政。

兵法：一曰度，二曰量，三曰数，四曰称，五曰胜。地生度，度生量，量生数，数生称，称生胜。故胜兵若以镒称铢，败兵若以铢称镒。称胜者之战民也，若决积水于千仞之溪者，形也。

八 卦

孙子反复强调"为"，"昔之善战者，先为不可胜，以待敌之可胜"，下面尝试由这种思维方法导出八卦，这将有助于进一步理解八卦。考虑到可胜与不可胜两个方面，不可胜的方面是可以为的。为的情况如何？可以分四个等级：很差、差、好、很好。用 0、1、2 和 3 表示从很差到很好等四个阶段，为的情况：0——很差，1——差，2——好，3——很好。

因为《易》的卦实际上是二进制数，二进制数中只有 0 和 1 两种数符，逢 2 进 1，如果用二进制数表示四种为的情况，则是：00——很差，01——差，10——好，11——很好。

达到很好的状态以后需要保持不懈，如果以后不为，则情况会逆转。不为以后的逆转也有相应的四个阶段：11——很好，10——好，01——差，00——很差。

再用二进制数的 1 代表为，0 代表不为，加在两位数前面：

为——不为——情况

111——011——很好

110——010——好

101——001——差

100——000——很差

将这八个二进制数放在圆周上，用阳爻（实线）替换1，用阴爻（断线）替换0，则是八卦：

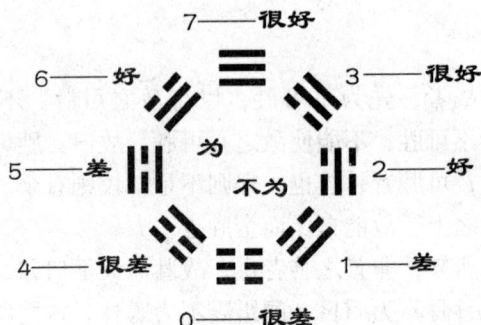

从孙子说的"昔之善战者，先为不可胜，以待敌之可胜"直接引导出伏羲八卦，这证明了伏羲八卦反映了自然界事物自身变化的规律，证明了《孙子兵法》中形篇的思维方法与伏羲八卦一致，证明了伏羲八卦具有哲学的普遍性。

有人提到另外一种数序：坎一，坤二，震三，巽四，中五，乾六，兑七，艮八，离九。这个数序是基于所谓的后天八卦，据说后天八卦是周文王所创，又称文王八卦。然而，从"昔之善战者，先为不可胜，以待敌之可胜"引导不出这个数序。文王八卦被用于算命，如果找不到扎实的理由，证明它可以从我们日常经历的，或观察到的事物变化的过程引导出来，那么，它得不到现代知识的验证。因此，本书提到的八卦都是指伏羲八卦，不用文王八卦。

对照前面提到的经卦爻的三个要素，为是行动，是积极主动，经卦的下爻表示行动，阳爻表示为；不为是消极被动，经卦的下爻是阴爻表示不为。好坏程度对应于爻的中爻与上爻的四种状态。很好，则中爻阳，上爻也阳。好，则中爻阳，而上爻阴。差，则中爻阴，而上爻阳。很差，则中爻与上爻皆阴。

量变到质变

虽然八卦是完全抽象的，但是，他们就像普通事物一样有质有量。卦名表示它们的质，卦的阳数表示它们的量。八卦中的卦序反映了事物自身变化的过程，这个变化中包含两个量变到质变的过程，有两个量变到质变的关键点。

量变到质变以及量变到质变的关键点是辩证法的重要内容，如果用现代的知识水平重新认识《易》，则可以清楚地看出，辩证法已经很完善地反映在《易》

中。结合《孙子兵法》的形篇，我们来分析八卦中的量变到质变和关键点。八卦中卦的顺序是4、5、6、7、3、2、1和0，这里有两个关键点。

从0卦坤到4卦震卦，是第一个关键点，它表示由不为到为的质变，这个质变要求阳数增加4，比总量7的一半还要强。这说明，实施这个转变并不是一件容易的事，在形篇中一再反复强调"为"字。由不为到为，需要很多准备，首先要有思想的准备，不能等待而无所作为，也不能犹豫不决，不能存侥幸，更不能怯弱，更不能懒惰。

从4卦震卦到5卦离卦，到6卦兑卦，到7卦乾卦，是量的变化，为的情况由很差逐步变到很好。量变导致质变，从7卦乾卦到3卦巽卦，是质的变化，由为变化到不为。第二个量变到质变的关键点是在7卦乾卦到3卦巽卦之间，阳数突减4，从7变到3。尽管是突减，状态的变化仍然是不明显的，7卦乾卦与3卦巽卦的状态都是很好，表面上看不出变化。孙子说"守则不足，攻则有余。善守者藏于九地之下，善攻者动于九天之上"，为不胜是守，在状态达到很好的时候，很容易自满而不知不觉地松懈，产生从量变到质变的变化。为了防止这种松懈，应当寻其不足，要藏于九地之下，不要自满，要时时警惕发生松懈。只有在取胜的机会来临时，才展示"有余"而动于九天之上。

这两个量变到质变的关键点就像是右脚踩一下，左脚踩一下，踩动自行车前进；就像是一鼓一息，心脏供给血液，从腹中的胚胎到临死前一秒钟的老人；就像是一涨一落的潮汐永不停息。"涨"与"落"相交替是军事行动的普遍现象，也是日常生活中的普遍现象。

两个量变到质变的关键点，促成了世界万物循环无端的螺旋型变化。水变成气，气变成水；水变成冰，冰变成水。这些自然现象，直到黑格尔以前从来没有人著文论述，马克思和恩格斯又重述并运用量变到质变的理论于社会革命。西方与东方的学者都认为量变到质变理论是近代哲学中的一个重要发展，而事实上，6500年前的伏羲时代的中华民族对量变到质变的现象已经有所认识，并且完整地显示在八卦之中，用八卦表达世界上一切事物自身变化的普遍规律。

这种涨与落相互交替的现象是一般的自然规律，落到最低点并不等于退回到原始状态，而是螺旋型地进入新的一圈。下图是用八卦表示小麦的生长和成熟过程。麦粒，在温度和湿度适宜的环境下，积聚能量，经过第一个关键点，开始一轮生长过程，从4卦到7卦，从麦

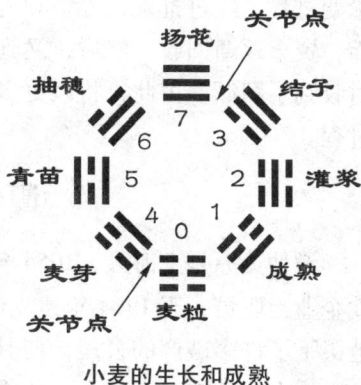

小麦的生长和成熟

粒发芽以后，逐渐生长，青苗逐渐长高，然后抽穗，再扬花，达到最强盛的状态。以后，经过第二个关键点，叶尖少有点黄，开始结籽，经过灌浆阶段，种子逐渐成熟，同时，麦秸逐渐衰老，最后，麦秸逐渐枯死，同时小麦回到麦粒成熟的状态，不过，不是原来的一颗麦粒，而是很多很多的新麦粒。这些麦粒，在温度和湿度适宜的环境下，积聚能量，再经过第一个关键点，开始新一轮的生长过程。

再看一个表示机器制造产品的生产过程的八卦图。在 0 卦时，只有资金，从积累资金到生产准备有一个质变的过程，需要对资本积累、市场信息、资源信息和技术的获取达到一定程度后才能开始生产准备，这就是能量积累到一定程度才能从 0 卦跃变到 4 卦，发生质的跃变。

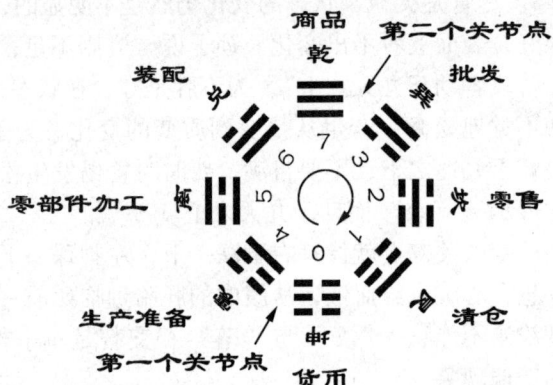

从 4 卦到 7 卦是一个量变过程，一方面，资金逐渐消耗掉，另一方面，零部件逐渐加工出来，然后，再经过装配，包装等等过程，使得生产出的产品成为商品。在 7 卦到 3 卦之间有一个关键点，必须有一定数量的订单或合同，有销售对象，还要有运输手段，商品才能够出库，并发往销售点。从 3 卦到 0 卦又是一个量变过程，经过批发、零售和清仓处理，一方面，库存的商品逐渐减少，另一方面，资金逐渐回收。然后，又到 0 卦的状态，但是，与起始时的状态不一样，这时收到了利润。由此，将以更多的资金，进入又一轮运转。这是一个螺旋型变化过程。

谭仲英创业，复卦

谭仲英原是上海人，1954 年在香港从学校毕业以后，到美国芝加哥一家钢铁企业当职员，于 1964 年建立起自己的第一家钢材公司，其后，他又接二连三地买下了许多破产的公司，使其事业得到了迅速地发展。到 1981 年，他在美国的大小企业就有二十多个。从谭仲英的成功，也可以看出"昔之善战者，先为不可胜，以待敌之可胜"的道理。他是"为"而实力很差，可以用 4 卦震卦代表；当时的美国钢铁工业是"不为"，而且状态很差，可以用 0 卦坤卦表示。从谭仲英的角度看他所面临的形势，主卦是 4 卦，客卦是 0 卦，主卦在下，客卦在上，合在一起，是 4:0 卦，复卦。

复卦

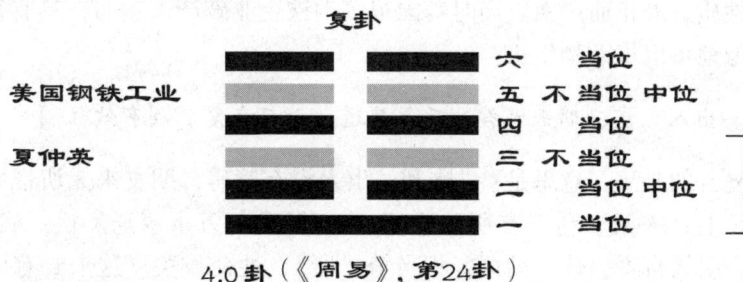

4:0 卦（《周易》，第24卦）

上图是表示谭仲英所面对的美国钢铁工业的状况，这情况可以用复卦表示，卦右边的一、二、三、四、五、六表示六个爻的位置，这六个爻的最理想的和谐状态是阴阳相间，是阳、阴、阳、阴、阳、阴。符合此状态的爻，当位；不符合此状态的爻，不当位。复卦中，当位的爻有四个，第一、二、四和六爻，其余的两个爻不当位，表明形势对谭仲英比较有利。

应，指主客双方对应的下爻、中爻或上爻是不是一阴一阳。是，有应；不是，无应。图右边的细折线表示应，复卦中第一爻和第四爻有应，其余的爻无应。这表示谭仲英必须小心谨慎，要尽力避免错误和损失。

复卦的卦爻辞

4:0 复（《周易》第24卦）

复：亨。出入无疾，朋来无咎；反复其道，七日来复。利有攸往。

一阳：不远复，无祗悔，元吉。

二阴：休复，吉。

三阴：频复，厉无咎。

四阴：中行独复。

五阴：敦复，无悔。

六阴：迷复，凶，有灾眚。用行师，终有大败；以其国君凶，至于十年不克征。

复是 4:0 卦的卦名。复：反过来，循环往复。复卦的主卦是 4 卦，客卦是 0 卦。4:0 是复卦的代号，客方的条件有利于主方。4:0 卦象征往复探索。可以象征谭仲英往复探索的创业之路。

4 卦的 4 是震卦代号，是阳数，表示阳多阴少，二进制 100 的数值是 4，阳数 4。如果反过来看，二进制 011，数值是 3，阴数 3。四分阳三分阴，定量地表示震卦的特征。震是 4 卦的卦名。震的意思是使颤动：地震。4 卦的卦象是雷，性质是震动而力虚。这表示谭仲英大胆创业，动如春雷，而实际上他的实力不强。

0 卦的 0 是坤卦的代号，表示有阴无阳，定量地表示坤卦的性质。0 卦的卦象是地，性质是静止而广大。当时美国很多钢铁企业破产，然而，具有很大的发展潜力，像地可以供万物生长。

【亨。出入无疾，朋来无咎；反复其道，七日来复。利有攸往。】

这是复卦的卦辞，意思是："顺利。出入没有障碍，朋友来无所怪罪；反复探索道路，七日来回。利于有所前进。"亨：顺利，万事亨通。疾：病，疾病。咎：罪责，引咎自责。攸：助词，相当于"所"，性命攸关。这个卦有四个爻当位，一爻与四爻有应。一爻代表主方的积极行动，四爻是阴爻，对主方顺从，所以"顺利"。客卦的三个爻中，四爻有应，五爻中位，六爻当位，综合来看，客方没有对主方不利的因素，所以"出入无疾"。"朋"指客方，四爻应一爻，"朋来"。一爻当位有应，"无咎"。"亨。出入无疾，朋来无咎"概括当前主方所处的形势。尽管"出入无疾"，但是客方对主方没有明确的要求和压力。主方向什么方向走？需要反复探索，"反复其道"。"七日"是个比喻，描述一个周期。《易》用了大量人们熟知的比喻，用简练形象的语言说明深刻的道理。可能古时候有七天一次的集市，《易》用"七日来复"补充"反复其道"的意思。"反复其道，七日来复"建议主方要耐心，坚韧不拔地反复试探。"利有攸往"是判断词。在顺利的形势下，如果主方有耐心，坚韧不拔地反复试探，则利于有所前进。暗示尽管形势顺利，如果主方不耐心，不能坚韧不拔地反复试探，则不利于有所前进。重要的是要坚韧不拔地反复试探。

【不远复，无祗悔，元吉。】

这是复卦第一爻的爻辞。祗：恭敬有礼的样子，祗仰。元：为首的，元帅。意思是：行不远就返回，没有严重悔恨，很吉利。这个爻代表主方的行动。这个爻既当位又有应，对主方有利。当位，指第一爻是阳爻在阳位，指主方的积极行动是适当的，有利于主方。有应，指第四爻与第一爻是一阴一阳，指客方的行动是消极的，不对抗主方。既然第一爻又当位又有应，是否爻辞应当直接说"吉"？是否主方应当趁这大好形势，一往直前？不。从整个卦来看，有两条不当位的爻，有四条爻无应，形势并不是非常好。爻辞不仅考虑这条爻的状态，还考虑整个形势。因此，爻辞建议主方"不远复"，行不多远，就返回来。这样多次反复，稳扎稳打，步步为营，这样就"无祗悔"，没有严重的悔恨，就"元吉"，很吉利。"无祗悔"指不至于在某些事情上犯严重的错误，"元吉"指在总的进程上很吉利。"不远复"是"无祗悔"和"元吉"的条件。如果急躁冒进，就有可能犯严重错误而"有祗悔"，甚至不"吉"。

【休复，吉。】

这是复卦第二爻的爻辞。休：歇息，休息。爻辞的意思是：休止而反复，吉利。这条爻代表主方的素质。谭仲英的实力不强，素质是阴。他的阴的素质决定了这个别卦的第二爻是中位，而且阴爻在阴位，当位。但是，第五爻也是阴爻，与第二爻冲突。所以，对主方而言，第二爻是中性，既有有利因素，也有不利因素。爻辞告诉主方在反复试探的过程中，要休止下来，作冷静的反思，吸取经验教训，而后回过头来，再反复试探，逐渐前进。"吉"是判断词。"休复"是条件。先休止再出发，才吉利。如果只是重复而没有休止，则不一定吉利。

【频复，厉无咎。】

这是复卦第三爻的爻辞。频：屡次，捷报频传。厉：严肃，雷厉风行。爻辞的意思是：屡次重复，艰苦但无所怪罪。这条爻代表主方的态度。第三爻的位置是阳位（按阴阳和谐的原理，一、三、五爻都是阳位），从实际情况的评估得到的爻是阴爻，阴爻在阳位，不当位，对主方不利，这条爻配合第二爻的阴爻说明主方的素质太差。另一方面，与第三爻对应的第六爻也是阴爻，与第三爻无应，对主方不利。第三爻是复卦六条爻中唯一的一条对主方不利的爻。由于主方素质过于虚弱，不得不谦卑，在遇到困难的时候，很可能态度不坚定，虽有积极行动，未必能持久。这是主方的主要缺点，是对主方的不利因素。但是，爻辞极简练，避免不必要的评论而直接给主方指出努力的方向。"频复"，告诉主方要经得住困难的考验，屡次重复。一次不成功，再试一次，屡试不停，直到取得明显成绩为止。"厉"，告诉主方屡次重复试探是辛苦的，尤其客方的态度也是阴，客方过于宽松，对主方没有明确的要求，使主方对客方的态度捉摸不定，行动困难。"无咎"，对主方无所怪罪。"厉无咎"是判断词，"频复"是条件。如果主方屡次重复试探，尽管辛苦，但是对主方无可怪罪。爻辞暗示，如果不"频复"，在困难面前动摇，主方就要引咎自责。

【中行独复。】

这是复卦第四爻的爻辞，意思是：中间走，独自反复。第四爻代表客方的行动。这条爻当位，对主方有利。然而与第一爻无应，又对主方不利。总的说来，第四爻是有好有坏的中性。第四爻对主方有利，因为美国钢铁工业疲软，给谭仲英提供了机会。第四爻又对主方不利，这疲软的形势可能是谭仲英对钢铁工业的发展前景没有信心。这条爻辞中既没有"有利"也没有"不利"之类的判断词，而是直接给出对主方的建议。钢铁工业疲软，前景不明朗，加之主方素质软弱，容易失误。主方需要耐心谨慎走中间，不要靠右也不要靠左。走在河边上，不要紧贴边沿，要走中间。走在崎岖道路上，不要靠右也不要靠左，走中间。留心脚下，看清左右。由于客方没有有力支持，主方不能指望客方同行，不能指望客方协助。主方必须依靠自己的信念和决心，独自反复探索。

【敦复，无悔。】

这是复卦第五爻的爻辞。敦：诚实，敦厚；诚恳，敦请。爻辞的意思是：敦厚地反复探索，没有悔恨。基于主客双方的形势，主方在积极行动的时候，需要反复探索，不可冒进。根据客方的素质，第五爻爻辞指出，主方在反复探索的时候，对客方要敦厚。只有对客方敦厚，在反复中才不至于悔恨，否则，会悔恨的。第五爻虽然中位，但是既不当位又无应，对主方有些不利。爻辞提出了个"敦厚"，告诉主方，只有对客方敦厚，在反复探索的过程中才没有悔恨。

【迷复，凶，有灾眚。用行师，终有大败；以其国君凶，至于十年不克征。】

这是复卦第六爻的爻辞。眚（shěng）：眼睛长白翳；灾祸。爻辞的意思是：迷失方向反复探索，凶，有灾祸。用于行军打仗，终有大败；对于他的国君凶，以至于征战十年不能攻克敌方。这条爻辞虽长，但没有生奥的字，不过句子很简练。谁迷？谁行师？谁是国君。迷是主方迷。虽然这条爻属于客卦，代表客方的态度，但是，这是整个卦的一部分，卦爻辞是以主方为基点。复，指主方反复探索，而不是指客方。迷，指主方在反复过程中迷失方向。导致迷失方向的客观因素是客方的态度，客方的态度是阴，不明朗，难以捉摸。导致迷失方向的主观因素是主方的态度，主方的态度是阴，很谦让，很随和，容易被误导。行师是主方行师。行师是个比喻，说明主方的积极行动，不一定指具体的战争。"用行师，终有大败"形象地说明由于迷失方向主方的积极行动必将失败。国君是客方，是破产的美国钢铁企业，主方迷失了方向，主方收购的对象必然跟着倒霉，所以爻辞说"以其国君凶"。"至于十年不克征"形象地说明由于主方迷失方向，以至导致收购不成功，长期浪费时间，没有效果。爻辞的针对性很强，提出给主方的建议或警告。这条爻辞对主方的警告形象而严厉，如果不深入思考，从卦的结构上是看不出来的。第六爻的位置是阴位，阴爻在阴位，当位。与第六爻相对的第三爻也是阴爻，第六爻无应。综合来看，第六爻当位而无应，对主方而言是中性。当位反映客方宽松灵活的态度方便主方，这是有利因素。无应反映客方宽松灵活的态度与主方的谦让随和的态度不和谐。由于客方态度捉摸不定，主方很容易被误导而迷失方向。爻辞突出了无应的不利因素，忽略了当位的有利因素，这样使得对主方的警告更严重，容易引起主方重视。

《易》的卦爻辞是整体。在现在的例子中，复，这个卦名，概括出在当前关系中，主方需要反复探索。卦辞从总体上说明反复探索前进的可能性，爻辞以"不远复"、"休复"、"频复"、"独复"、"敦复"和"迷复"等六个有关"复"的阐述，从双方的行动、素质和态度等六个方面，分别说明如何反复探索。有鼓励，有警告，鼓励中又包含警告。主方需要完整地理解卦爻辞，不能断章取义。《易》的卦爻辞非常简练，不同的人从不同的角度可以得到不同的解释。正确的解释不能凭主观想象，而必须严格地根据实际情况。用《易》时首先要分清己和彼双方，分析双方的行动、素质和态度，在此基础上得到别卦，再根据实际情况的分析，理解卦爻辞。

第五章　势　　篇

孙子曰：凡治众如治寡，分数是也；斗众如斗寡，形名是也；三军之众，可使必受敌而无败者，奇正是也；兵之所加，如以碬投卵者，虚实是也。

凡战者，以正合，以奇胜。故善出奇者，无穷如天地，不竭如江海。终而复始，日月是也。死而复生，四时是也。声不过五，五声之变，不可胜听也；色不过五，五色之变，不可胜观也；味不过五，五味之变，不可胜尝也；战势不过奇正，奇正之变，不可胜穷也。奇正相生，如环之无端，孰能穷之？

激水之疾，至于漂石者，势也；鸷鸟之疾，至于毁折者，节也。是故善战者，其势险，其节短。势如彍弩，节如发机。纷纷纭纭，斗乱而不可乱也；浑浑沌沌，形圆而不可败也。乱生于治，怯生于勇，弱生于强。治乱，数也；勇怯，势也；强弱，形也。故善动敌者，形之，敌必从之；予之，敌必取之。以利动之，以卒待之。

故善战者，求之于势，不责于人，故能择人而任势。任势者，其战人也，如转木石。木石之性，安则静，危则动，方则止，圆则行。故善战人之势，如转圆石于千仞之山者，势也。

师　卦

形篇和势篇这两篇都讲变化，但是，讲两类不同的变化。形篇讲"为不胜"中的变化，我方的变化，事物自身的变化，也就是八卦。势篇讲"择人而任势"的变化，讲根据敌方的情况而作的变化，讲事物之间相互影响而产生的变化，也就是64卦。64卦代表双方关系的64个类别。64卦的卦叫别卦，反映当前主客双方的形势及可能产生的变化。

变化开始之时有一个初始状态，为了分析变化，现在假设一个初始状态。假设这个状态可以用师卦代表。

师卦是2:0卦，在周易中是第七卦。

这里，2:0是师卦的代号，表示师卦由两个经卦组成，一个经卦是2卦坎卦，另一个经卦是0卦坤卦。八卦的卦叫经卦，像是64卦的经纬。师卦中，坎卦在下，坤卦在上，坎卦和坤卦的阳数之比是 2:0。

师是 2:0 卦的卦名。不要以为师卦是专讲军事的，《易》是哲学，反映事物的普遍性，《易》的卦具有普遍性。由于卦是绝对抽象的，有了卦名，卦名给出一个比较形象的表述，便于理解卦所代表的情况。师卦不是专用于敌我关系，也可以用于朋友关系、夫妻关系、商务关系等等各种各样的双方关系。现在，结合《孙子兵法》，作为敌我关系来讨论。

2:0 卦中的 2 卦是主卦，代表我方。0 卦是客卦，代表敌方。2 的二进制数是 010，相应于其下爻、中爻和上爻，0 相当于阴爻，1 相当于阳爻。2 卦的下爻、中爻和上爻是阴、阳和阴。"爻"是"要"的意思，一个爻代表一个要素，下爻代表行动，中爻代表素质，上爻代表态度。下爻阴表示行动被动，中爻阳表示素质良好，上爻阴表示态度柔和。0 卦的二进制是 000，表示三个爻全是阴爻，表示敌方行动被动，素质不佳，态度柔和。

下图是师卦的结构图。

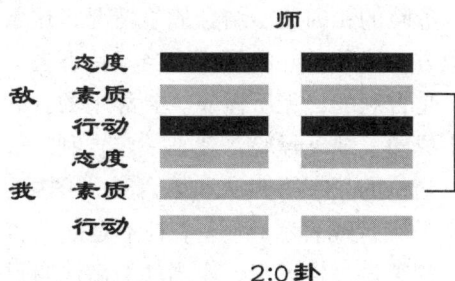

2:0 卦

爻的顺序由下往上数，最下面的是一爻。

6 条爻，理想的和谐状态是阴阳相间，阳、阴、阳、阴、阳、阴。由此，一、三、五爻的位置是阳位，二、四、六的位置是阴位。阳爻在阳位，或阴爻在阴位，当位，否则，不当位。上图中，黑色表示当位，灰色表示不当位。一般，当位的是对主方有利的因素，不当位的是对主方不利的因素。

主卦和客卦的对应的两爻一阴一阳是有应，否则无应。有应则利，无应则不利。图右边的细折线表示有应。

师卦的主卦的卦象是水，客卦的卦象是地，按说，水可以在地上自由地流动，然而，事实并非如此，水往低处流，水本身的问题阻碍了它自己在地上扩张。地是温和而顺从的，然而，水本身的困难阻碍了它在地上完全得胜。卦名师，暗示在军事行动中我方必须妥善解决自己的问题，以取得战利。

师卦的卦爻辞

2:0 师（《周易》第 7 卦）

师：贞，丈人吉，无咎。

一阴：师出以律，否臧凶。

二阳：在师中吉，无咎；王三锡命。

三阴：师或舆尸，凶。

四阴：师左次，无咎。

五阴：田有禽，利执言，无咎；长子帅师，弟子舆尸，贞凶。

六阴：大君有命，开国承家，小人勿用。

2:0是师卦的代号，2表示其主卦是2卦坎卦，0表示客卦是0卦坤卦。在《周易》中师卦是第7卦。

【贞，丈人吉，无咎。】

这是师卦的卦辞。卦辞概略地对当前的情况作总体说明，给绝对抽象的别卦描画一个轮廓。"贞"，坚定，有节操；忠贞，坚贞不屈。"丈人"，平常指岳父，这里指岁数大的人，有经验的成熟的人。"咎"，罪怪，处分：既往不咎。"凶"，不吉利的，不幸的，有危险的；凶兆。结合战争情况，这条爻辞的意思是：当前我方的军力明显强于敌方，这种良好的形式应当坚持下去，如果有具备成熟的有经验的老人指挥战争，是吉利的，无所怪罪。卦辞中的吉利是有条件的，隐含一个警告：如果指挥者不成熟，缺乏经验，就不一定吉利。

看师卦的结构图，当位的只有第四爻和第六爻（图中黑色的爻），只有第二爻和第五爻有应（图右的细折线表示），这个卦不是一个吉利的卦，而是吉利的程度偏低。卦辞中隐含的警告，告诉主方应当注意解决自己内部的问题，以保证战争的胜利。

【师出以律，否臧凶。】

这是师卦第一爻的爻辞。这是一条阴爻，表示主方的行动是阴。这条爻不当位，又无应，是一个不利要素。不当位，表示在军事行动中采取被动是不恰当的，无应表示不能利用敌方防守无力的战机，也是不适当的。我方行动的被动可能由于士气不高，纪律松弛。爻辞强调，从一开始出师，就必须严明纪律，否则隐伏导致战争失败的危险。

【在师中，吉，无咎。王三锡命。】

这是师卦第二爻的爻辞，这条爻是阳爻，表示主方的素质良好。它是中爻，与第五爻有应，是个有利要素，说明我方力量强大，而敌方力量弱小，这是我方战胜敌方的良机。另一方面，阳爻在阴位，不当位，可能由于优越的条件而产生松懈，从而出现斗志不高，纪律松弛现象。"在师中，吉"表示我方战斗力量的优势为这次军事行动造成了吉利条件。尽力而为，"无咎"，无所怪罪。"王三锡命"，利用我强敌弱的有利形势，王赋予部队战胜敌人的使命。虽然战机难得，然而部队斗志不高，纪律不强，王需要再三地部署并强调战斗的重要意义。

【师或舆尸，凶。】

这是师卦第三爻的爻辞，阴爻，表示主方的态度柔和。别卦的六个爻的最理想状态是阳、阴、阳、阴、阳、阴。第三爻的位置是阳位，现在是阴爻在阳位，不当位，这是一个不利因素，表示我方在应当当机立断的时候犹豫不决。同时，第六爻也是阴爻，第三爻和第六爻是阴对阴，不和谐，无应，这也是一个不利因素，表示敌方对我方采取顺从态度，但是，我方不能利用这个机会控制敌方。由于上述两个不利因素，在战斗中可能造成本来可以避免的人员伤亡，有时候，要用大车载运尸体，"师或舆尸"。这种不利情况对我方是凶险的，爻辞中有个判断词"凶"。

师卦分两部分，下面是坎卦，代表我方，上面是坤卦，代表敌方。相应地，师卦的爻辞对应其六条爻，第一、二、三爻是针对我方的情况说的；第四、五、六爻是针对敌方说的。虽然是针对敌方说的，第四、五、六条爻辞仍然是从我方的角度分析问题。

【师左次，无咎。】

这是师卦第四爻的爻辞。第四爻代表敌方的行动，阴爻表示敌方行动被动。我方是主方，敌方是客方。当前的情况下，敌方处于防守，甚至不抵抗的状态。第四爻的位置是阴位，阴爻在阴位，当位，表明敌方的被动状态对我方有利。另一方面，表示我方行动的第一爻也是阴爻，第四爻与第一爻无应，是不利因素，这个不利因素是斗志不旺盛、纪律松弛等我方本身的问题造成的。"师左次"是部队后撤的意思，虽然敌方的被动提供了我方挺进的机会，但是，鉴于我方的实际情况，不仅不向前推进，反而后撤，这无所怪罪，"无咎"。

【田有禽，利执言，无咎。长子帅师，弟子舆尸，贞凶。】

这是师卦第五爻的爻辞。第五爻表示敌方的素质，阴爻，表示敌方素质不佳，敌方力量薄弱。第五爻的位置是阳位，阴爻占阳位，不当位，表明敌方力量薄弱，对此我方容易引起轻敌、自满，从而纪律涣散。另一方面，第五爻与第二爻是一阴一阳，有应，表明，敌方力量微弱，是我方取胜的机会。敌方的力量微弱，提供了我方取胜的机会，如同在田野里有野禽，是捕猎的好机会。然而，这时应当严肃纪律，协调行动，以避免不必要的损失。"执"指坚持意见，如，固执己见，执迷不悟，固执，争执等等。"田有禽，利执言，无咎"，面对当前的大好形势，应当坦率地发表意见，如此，则无所怪罪。"贞"是"坚持"的意思。"长子帅师，弟子舆尸"形象地说明互不通气、各行其是的不协调状态，如果坚持这种不协调的状态，前景是危险的，"贞凶"。

【大君有命，开国承家，小人勿用。】

这是师卦第六爻的爻辞。第六爻代表敌方的态度，态度阴，表示敌方态度温和。第六爻的位置是阴位，阴爻占阴位，当位，是对我方的有利因素。敌方是客方，敌方的态度温和，有利于我方"不战而屈人之兵"。另一方面，第三爻也是阴爻，第六爻无应，这表示我方不能顺应当前有利形势而采取屈人之举，这是由于我方的态度优柔寡断，缺乏果敢。针对这种情况，爻辞强调了称职的领导人的重要性。"大君有命"指国家领袖发布命令。"开国承家"指重要的事务。"小人"指能力低下的人。爻辞的意思是领袖发布命令，在开国承家这样的重要事务中，不要任用不称职的人。"大君有命"强调指示的重要性，在实际生活中，不一定非得由领袖发布命令。"开国承家"指重要事务，不一定限于"开国"，也不一定限于"承家"，更不限于"军事"。在重要事务中，不要任用不称职的人，这是一条普遍性原则。如果不称职的人已经承担了重要事务，怎么办？应当在实践中努力学习、锻炼、提高自己的水平，尽快成为称职的人，否则会造成损失。从这条爻辞又可以看出，爻辞以文字的形式说明爻的意思，不仅如此，而且凸现出爻的含义的关键，便于读者掌握使用，这条爻辞的关键是"小人勿用"。《易》的卦爻辞比较形象地用文字表达绝对抽象的卦的普遍性含义，内容多采自日常社会生活，师卦的卦爻辞说明任用称职人员的重要性，特别是不要用消极被动、优柔寡断的人；或者说，在进行重要的事务的时候，消极被动、优柔寡断是丧失良机而不能成功的关键，应当努力避免。"兵之所加，如以碫投卵者，虚实是也"，欲制胜，务必使自己成为投"卵"之"碫"，而不能成为一盘散沙。

临　卦

孙子曰："凡治众如治寡，分数是也；斗众如斗寡，形名是也；三军之众，可使必受敌而无败者，奇正是也；兵之所加，如以碫投卵者，虚实是也。凡战者，以正合，以奇胜。""碫"：锻物时，垫在物体下面的墩石。以师卦为代表的敌我形势，我方不具备"以碫投卵"的状态，必须变化而以奇胜。师卦的结构已经明确表示出师卦的问题在于第一爻与第三爻，这两个爻是阴爻在阳位，不当位，是不利因素，应当改变。师卦第一爻的爻辞说"师出以律，否臧凶"，第三爻的爻辞说"师或舆尸，凶"，这两条爻辞都说明应当改变第一爻和第三爻。

如果将第一爻由阴爻改成阳爻，第一爻改成阳爻后，形成 6∶0 卦，这是临卦，是周易的第 19 卦。

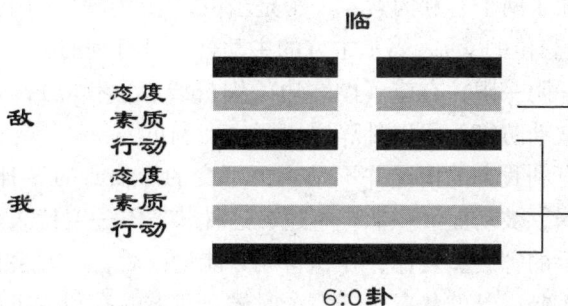

6∶0 卦

临是 6∶0 卦的卦名。别卦临卦的代号是 6∶0，表示主方和客方的阳数之比是 6∶0。我方的阳数是 6，敌方的是 0，形象地表达了"以碫投卵"的势态。

临是到，来的意思，喜事临门，身临其境，面临等等。6 卦兑卦的卦象是泽，0 卦坤卦的卦象是地，河泽面临宽广的原野，将滋润原野上万物生长，在敌我力量对比悬殊的时候，我方已经面临即将胜利的大好形势。不过，准确地说，面临与真正成为现实还有一个微小的距离。孙子说："激水之疾，至于漂石者，势也；鸷鸟之疾，至于毁折者，节也。故善战者，其势险，其节短。势如彍弩，节如发机。"临卦所代表的是"势如彍弩"的形势，机尚在待发之中，节尚未成。

临卦的卦爻辞

6∶0 临（《周易》第 19 卦）

临：元亨，利贞；至于八月有凶。

一阳：咸临，贞吉。

二阳：咸临，吉无不利。

三阴：甘临，无攸利；既忧之，无咎。

四阴：至临，无咎。

五阴：知临，大君之宜，吉。

六阴：敦临，吉，无咎。

6∶0 是临卦的代号，6 表示其主卦是 6 卦兑，0 表示客卦是 0 卦坤。在周易中临卦是第 19 卦。

【元亨，利贞；至于八月有凶。】

这是临卦的卦辞，它综合地说明当前敌我双方的状态。"元亨"，事情进展很顺利。"利贞"，利于坚持下去。当前敌我力量悬殊，非常有利于我方，我方的军事行动进展很顺利。这种有利形势应当坚持下去。

将上面的临卦的结构图与师卦的结构图相比,由于第一爻从师卦的阴爻变成临卦的阳爻,增加了两个有利因素:一个是当位,第一爻成了阳爻在阳位,当位(图中黑色的爻是当位的爻),表示主方的主动行动是有利的。另一个是有应,第一爻与第四爻是一阴一阳,有应(图右边的细折线表示有应),我方的积极进攻正好突破敌方的被动防御。所以卦辞说"元亨,利贞"。

然而,这种有利我方的情况并不是永恒不变的。临卦的客卦是 0 卦,坤卦,表示敌方力量薄弱,被动而又顺从。不过,这种状态不一定持久。事物自身的变化循八卦图所表示的螺旋型规律,在积蓄充分能量以后,敌方会自然地由 0 卦坤卦的状态变化到 4 卦震卦的状态。到那个时候,我方的有利战机将成为过去。所以卦辞说"至于八月有凶"。"八月"形象地表示一个比较长而又不很长的时间,不是八月份,也不是指从现在起的第八个月。《易》不是算命。这里《易》用形象的语言警告主方在可以预见的不久未来,这有利形势将会有变化。我方应当紧紧抓住良好机遇果断地决策,积极行动,切不要错失良机。

【咸临,贞吉。】

这是临卦第一爻的爻辞,说明主方的行动。阳爻,表示主方的行动是阳。我方是主方,第一爻是阳爻,表示我方的行动是积极的。第一爻的位置是阳位,阳爻在阳位,当位,这是一个对我方有利的因素,表明我方的积极行动是恰当的。与第一爻相应的第四爻是阴爻,表示敌方的行动是消极的被动防守。第一爻与第四爻是一阴一阳,有应,表明我方的积极进攻正好可以突破敌方的消极防御,是一个有利因素。综合起来,第一爻既当位又有应,对我方有利。"咸"是盐的味道,如:咸菜,咸鱼,不咸不淡等等。爻辞的意思是:给面临的事情加一点咸味(有意义),坚持下去是吉利的。爻辞肯定了敌方的积极主动进攻,建议用进攻促进胜利的到来,坚持进攻。

【咸临,吉无不利。】

这是临卦第二爻的爻辞,阳爻,说明主方的素质良好。我方是主方,我方军事力量强大,用阳爻来表示。第二爻的位置是阴位,阳爻在阴位,不当位,表示有容易产生自满、轻易消耗实力的倾向,这是不利因素;另一方面,代表敌方实力的第五爻是阴爻,第二爻与第五爻是一阴一阳,有应,是有利因素。这表示我方占有军事实力上的巨大优势,这优势是我方取得胜利的保证。"咸临",与第一爻的爻辞中的"咸临"同样的意思,说明强大的实力给正在来临的胜利添加了"咸味",有意义而现实。由于实力对比的优越,我方向敌方进攻"吉无不利"。

【甘临，无攸利；既忧之，无咎。】

这是临卦第三爻的爻辞，阴爻，表示主方的态度柔和。第三爻的位置是阳位，阴爻在阳位，不当位。第三爻与第六爻无应。既不当位又无应，是不利因素，表明我方对敌方的柔和态度不利于取得和巩固战争的胜利。"甘"是甜的意思。从字面上解释，"甘临"是甜蜜的来临，就是说对胜利抱有幻想。爻辞指出这种幻想对夺取胜利和巩固胜利没有任何好处，"甘临，无攸利"。如果认识到这点，为可能发生的问题而担忧，就无可怪罪，"既忧之，无咎"。

在用词方面，第一爻与第二爻爻辞中的"咸"和这条爻辞中的"甘"是两种味道，是生活语言，没有玄奥的地方，用新华字典就可以。过去许多著作大量引用考证，把本来是容易读懂的《易》弄得深奥难懂。建议读者在读《易》遇到不懂的地方，查新华字典。

【至临，无咎。】

这是临卦第四爻的爻辞，阴爻，表示客方行动被动。敌方是客方，第四爻表示敌方处于被动防守的状态。从临卦的结构图可以看出，这条爻既当位又有应，是一个对我方有利的因素。"至临"，达到了面临的状态，就是说，我方的进攻突破了敌方的防守而取得了胜利。我方正确地利用了敌方被动的有利时机，无所怪罪。

【知临，大君之宜，吉。】

这是临卦第五爻的爻辞。这条爻表示敌方的素质，阴，说明素质不佳。在这里，表示敌方力量薄弱。这条爻是阴爻在阳位，不当位，对主方不利，使主方容易忽视存在的潜伏危险；另一方面，它与第二爻有应，是对主方有利的因素。"知临"指对面临的现实作深刻的了解，既看到有利的方面，也要注意到潜伏的危险。"大君之宜"中的"大君"与师卦第六爻的爻辞中的"大君有命"中的"大君"是一个意思，都指国家领袖。"知临"是国家领袖适当的做法，"大君之宜"。如此，则对主方有利，"吉"。言外之意，如果不"知临"，对面临的现实没有清醒的认识，则不一定吉利。

【敦临，吉，无咎。】

"敦"，诚恳；诚心诚意：敦请，敦促，敦聘。这是临卦第六爻的爻辞。第六爻表示客方的态度，阴爻表示敌方态度柔和。阴爻在阴位，当位，是有利因素，象征敌方的柔和态度便于我方战胜和控制敌方。另一方面，它与第三爻无应，是不利因素，这个不利因素是我方的柔和态度造成的，由于我方态度柔和而不能以我方的强硬态度镇服敌方。"敦临"，不是犹豫不决，不是模棱两可，而是诚恳地对待敌方，以阳对阴，明确地要求敌方服从和遵循我方的指示、规定和法规。如果这样做，就对我方有利，"吉"；无所怪罪，"无咎"。言外之意，如果不是诚恳地对待敌方和处理胜利时的各种事务，就不一定对我方有利，就应当有所怪罪。

从临卦的卦辞中的"至于八月有凶"和爻辞中的"甘临，无攸利；既忧之，无咎"等可见，我方需要进一步改变策略。这是孙子说的"奇正相生，如环之无端，孰能穷之"。

瑞士钟表，卦变

孙子说："凡战者，以正合，以奇胜。故善出奇者，无穷如天地，不竭如江海。终而复始，日月是也。死而复生，四时是也。声不过五，五声之变，不可胜听也；色不过五，五色之变，不可胜观也；味不过五，五味之变，不可胜尝也；战势不过奇正，奇正之变，不可胜穷也。奇正相生，如环之无端，孰能穷之！"《易》的64卦之变，不可胜穷也，一个别卦可以变成其他63个别卦中的任何一个。但是，不是无目的地随便变，而是依据利害关系变：变不利的爻，保持有利的爻。

瑞士号称"钟表王国"，在第二次世界大战前，全世界十分之九的手表都产自瑞士。那时，瑞士钟表工业的状态可以用7卦乾卦表示，而那时的日本，钟表工业几乎还没有出现，可以用0卦坤卦表示。从瑞士的角度看当时的形势，可以用泰卦表示：

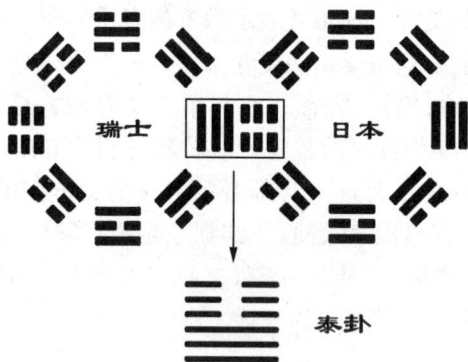

泰：小往大来，吉，亨。

20世纪中期出现了电子钟表技术。瑞士和日本的钟表工业都经历了量变到质变，瑞士轻视电子表，不知不觉中，经过了八卦的第二个关键点，从7卦乾卦变到3卦巽卦。与此同时，日本重视了电子钟表这个新技术，努力研究开发，越过了八卦的第一个关键点，从 0 卦坤卦跃变到 4 卦震卦。这种变化都是双方自身的发展变化，属常规变化。八卦反映常规变化，常规变化是有规律的，其趋势可以估计，发挥人的主观能动性，可以加速或延缓变化，而变化趋势是不变的。

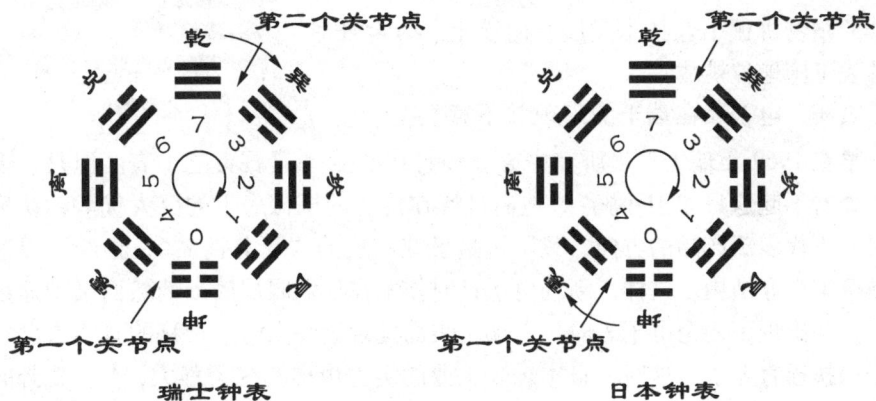

瑞士钟表　　　　　　　　　日本钟表

于是，瑞士钟表工业与日本钟表工业的关系发生了变化。从瑞士的角度看，是 3:4 卦，恒卦。

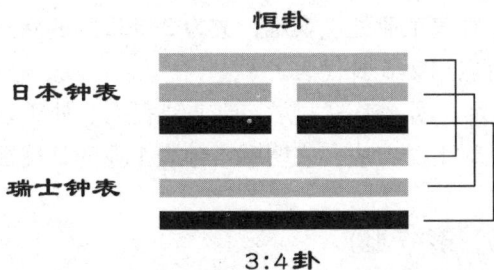

3:4 卦

恒卦中有两条爻当位，六条爻全部有应，表明瑞士钟表工业的处境不是很好，受到日本钟表工业的压力。恒卦的卦辞是：亨，无咎，利贞，利有攸往。"利有攸往"，"往"，指向对方往，向日本的电子钟表技术发展。

从日本的角度看，双方关系是益卦。

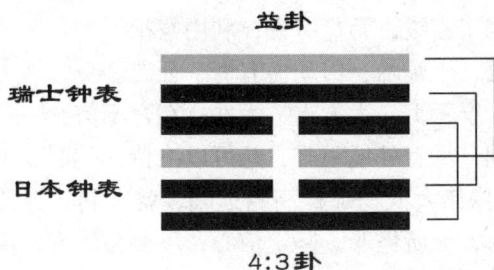

4:3 卦

益卦中有四条爻当位，六条爻全部有应，表明日本钟表工业的处境很好。益卦的卦辞是：利有攸往，利涉大川。"利有攸往"，"往"，指向对方往，向瑞士的精密机械工业技术发展，向瑞士的钟表王国地位挑战。

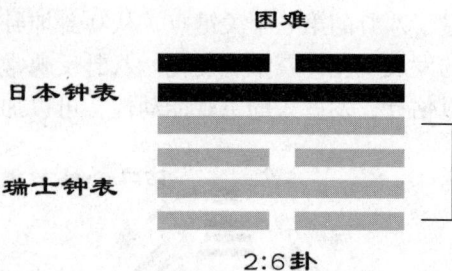

困难

日本钟表

瑞士钟表

2：6卦

其实，电子表在瑞士的出现并不算晚，早在1969年瑞士手表研究中心就设计出了第一只石英电子表。但是，瑞士人处处看不起这只"丑小鸭"。他们自恃在传统的机械表上的巨大优势，认为电子表并不代表新产品的方向，只不过是昙花一现的"玩具商品"，拒绝了以这种产品调整产业结构。这样，新的电子计时技术在他们眼皮底下悄然而又神速地发展着，并出现了一个电子表时代。瑞士表商发现这一点时，神秘的日本人已经借电子表扶摇直上了。这时，日本钟表工业的实力由虚弱变得强大，4卦震卦的中爻由阴爻变成了阳爻，日本钟表工业的状态变成6卦兑卦。而瑞士钟表工业进一步衰弱，20世纪70年代中期，降为占全世界的四成，1974年至1979年，产量已从8499万只降为6000万只，178家手表厂关闭，全瑞士手表从业人员从8万人减为5万人。瑞士钟表工业处境艰难，成为2卦坎卦的状态。这时，瑞士钟表工业所面对的形势可以用2：6卦代表。

2：6卦的卦名是困。困，表明主方，瑞士钟表工业处于艰难困境。困卦只有两条爻当位，只有一对下爻有应，表明瑞士钟表工业的处境很困难。

困卦的卦爻辞

2：6困（《周易》第47卦）

困：亨；贞，大人吉，无咎；有言不信。

一阴：臀困于株木，入于幽谷，三岁不觌。

二阳：困于酒食，朱绂方来，利用享祀；征凶，无咎。

三阴：困于石，据于蒺藜；入于其宫，不见其妻，凶。

四阳：来徐徐，困于金车，吝，有终。

五阳：劓刖，困于赤绂；乃徐有说，利用祭祀。

六阴：困于葛藟，于臲卼；曰动悔有悔，征吉。

困卦的卦辞是：亨；贞，大人吉，无咎；有言不信。"亨"，由于瑞士有很强的精密机械工业基础，尽管处境艰难，还可以维持。"贞"，要坚持下去。"大人吉"，要高瞻远瞩，像伟大人物那样高瞻远瞩，就吉利，否则不一定吉利。如果高瞻远瞩，尽力而为，无所怪罪。坚定信心，不要相信流言蜚语。困卦的卦名和卦的结构都表明主方面临困境，然而，卦辞中没有提困难，反而有"亨"，"吉"

等正面的判断辞，这表明，卦辞在说明卦名和卦的结构的意思的同时，更着重指出摆脱困境的方向，"大人吉"、"有言不信"，高瞻远瞩，坚定信心，困境是可以摆脱的。

瑞士钟表工业所经历的从 7 卦乾卦到 2 卦坎卦的变化是常规变化，日本钟表工业从 0 卦坤卦到 6 卦兑卦的变化也是常规变化，常规变化的趋势是可以预期的，老子说，"物壮而老，是谓之不道，不道早已"，从 7 卦乾卦到 2 卦坎卦的变化就是如此。老子又说，"坚强者死之徒也，柔弱微细生之徒也"，这个阶段，瑞士钟表工业行走在"死之徒"，而日本钟表工业则行走在"生之徒"。

《易》的核心不在于"是什么"，而在于"怎么办"，在于变。《易》的核心在于变，在"吉"的可能性的条件下，明白什么应该做，什么不该做，如何利用有利条件，使"吉"成为事实。在"凶"的危险下，知道如何化解矛盾，如何克服困难，保护自己，尽量减少损失，不让"凶"成为现实。与其他哲学不同，《易》更多关注非常规变化，64 卦就是分析非常规变化。孙子说，"战势不过奇正，奇正之变，不可胜穷也"，"奇"是难以预知的变化，非常规变化。老子说，"祸，福之所倚；福，祸之所伏。孰知其极？其无正也。正复为奇，善复为妖，人之迷也，其日固久矣"，祸与福的变化没有正规，"其"指祸与福的变化。人类社会中的变化与昼夜转换等自然现象不同，昼夜转换有严格的规律，人类社会中的变化没有规律：小祸以后不一定是小福，而可能是一次大祸；这一次得祸的时间很短，而接着出现的得福的时间可能很长，二者不对称。不应当用自然界的变化规律套人类社会中的变化，在得祸的时候，要吸取教训，更小心谨慎，耐心等待形势好转，善于发现和抓住良机；在得福的时候，要谨记"福，祸之所伏"，尽量保持和延长机遇期。

"大人吉"，像伟大人物那样高瞻远瞩，就吉利，需要认真观察和分析形势，这里，《易》是一个分析形势的有力工具。别卦代表当前的形势，分析别卦中哪些爻是有利的，哪些爻是中性的，哪些爻是不利的，高瞻远瞩，采取行动，改变那些不利的爻所代表的要素，就能够摆脱困境，就能够化险为夷。

别卦中的四、五、六爻是属于客卦的，代表客方的行动、素质和态度，主方只能观察其变化，适应其变化，而不能控制其变化。对于主方来说，这三条爻的变化是不可以控制的，是不可控变化。

别卦中的一、二、三爻是属于主方的，代表主方的行动、素质和态度，主方可以改变它们，使形势向对己方有利的方向发展。对于主方来说，这三条爻的变化是可以控制的，是可控变化。

这时的主卦是 2 卦坎卦，它的中爻虽然既不当位又无应，然而，是中爻，代表瑞士精密机械工业基础坚实，不应当改变，因此，能够改变的只有下爻和上爻。

这主卦的上爻是2:6卦的第三爻，既不当位又无应，是一个不利因素，这条爻的爻辞是：困于石，据于蒺藜；入于其宫，不见其妻，凶。瑞士钟表工业像是困于石头之间，缠于有刺的草丛之中；并且，回到自己的宫中，见不到自己的妻子，有凶险。这条爻

大过卦

日本钟表

瑞士钟表

3:6卦

代表主方的态度，如果主方采取严格的态度，通过整顿、重组、调整、改革等措施，加强高档机械表的生产和经营，巩固高档钟表市场，从2卦坎卦的状态退回到3卦巽卦的状态，这时，形势是3:6卦，大过卦。

这个改变过程，叫变卦。变卦产生的别卦，叫作之卦。

大过卦是改变困卦第三爻得到的之卦。变卦以后，增加了一个当位和一个有应的因素，情况得到改善。大过，是3:6卦的卦名。过，是过分的意思。

大过卦的卦爻辞

3:6大过（《周易》第28卦）

大过：栋挠，利有攸往，亨。

一阴：藉用白茅，无咎。

二阳：枯杨生稊，老夫得其女妻，无不利。

三阳：栋桡，凶。

四阳：栋隆。吉；有它，吝。

五阳：枯杨生华，老妇得其士夫；无咎无誉。

六阴：过涉灭顶，凶，无咎。

3:6卦的卦辞是：栋挠，利有攸往，亨。虽然，利有攸往，并且，亨通，然而，栋梁弯曲，很难长期支撑。

另一种可能性是改变困卦的主卦的下爻。这是困卦的第一爻，是阴爻，表示瑞士钟表工业处于被动状态。这条爻不当位，然而，与第四爻有应，呈不好不坏的中性。困卦第一爻的爻辞是：臀困于株木，入于幽谷，三岁不觌。瑞士的钟表工业处于困境，像好受困于深山老林之中，好像进入幽深山谷，三年不能呈现于市场。

在这种困境中，瑞士钟表工业，采取了"大人"的姿态，高瞻远瞩，选择了进军电子钟表市场的积极主动行动，一方面，强化高档机械钟表品牌，另一方面，进入电子钟

兑卦

日本钟表

瑞士钟表

6:6卦

表市场。这就是变卦，改变困卦的第一爻，使其成为阳爻，得到之卦，兑卦。

兑卦比困卦多了一个当位因素，尽管没有有应的爻，然而，主卦与客卦相同，主客双方处于平等的竞争状态，与困卦相比，主方面对的形势有所改善。

兑卦的卦爻辞

6：6 兑（《周易》第 58 卦）

兑：亨，利贞。

一阳：和兑，吉。

二阳：孚兑，吉，悔亡。

三阴：来兑，凶。

四阳：商兑未宁，介疾有喜。

五阳：孚于剥，有厉。

六阴：引兑。

兑卦的卦辞说明瑞士钟表工业，亨，利贞。进展顺利，坚持下去是有利的。瑞士一方面进一步提高了劳力士、欧米茄等高档钟表的品牌，以其优雅的外观及精准可靠的性能，被高档消费者用来作为显示尊贵的象征；另一方面，开拓了斯沃琪等电子手表，以其时髦缤纷的色彩，活泼的设计以及颠覆传统的造型，获得中低档消费者的喜爱。瑞士钟表行业，除了维持既有的版图，同时还持续向更广的领域延伸发展。

第六章　虚实篇

孙子曰：凡先处战地而待敌者佚，后处战地而趋战者劳。故善战者，致人而不致于人。

能使敌人自至者，利之也；能使敌人不得至者，害之也。故敌佚能劳之，饱能饥之，安能动之。出其所必趋，趋其所不意。行千里而不劳者，行于无人之地也；攻而必取者，攻其所不守也。守而必固者，守其所必攻也。故善攻者，敌不知其所守；善守者，敌不知其所攻。微乎微乎，至于无形；神乎神乎，至于无声，故能为敌之司命。

进而不可御者，冲其虚也；退而不可追者，速而不可及也。故我欲战，敌虽高垒深沟，不得不与我战者，攻其所必救也；我不欲战，画地而守之，敌不得与我战者，乖其所之也。

故形人而我无形，则我专而敌分。我专为一，敌分为十，是以十攻其一也。则我众而敌寡，能以众击寡者，则吾之所与战者约矣。吾所与战之地不可知，不可知则敌所备者多，敌所备者多，则吾所与战者寡矣。故备前则后寡，备后则前寡，备左则右寡，备右则左寡，无所不备，则无所不寡。寡者，备人者也；众者，使人备己者也。故知战之地，知战之日，则可千里而会战；不知战之地，不知战日，则左不能救右，右不能救左，前不能救后，后不能救前，而况远者数十里，近者数里乎！以吾度之，越人之兵虽多，亦奚益于胜哉！故曰：胜可为也。敌虽众，可使无斗。

故策之而知得失之计，作之而知动静之理，形之而知死生之地，角之而知有余不足之处。

故形兵之极，至于无形。无形则深间不能窥，智者不能谋。因形而措胜于众，众不能知。人皆知我所以胜之形，而莫知吾所以制胜之形。故其战胜不复，而应形于无穷。

夫兵形象水，水之行避高而趋下，兵之形避实而击虚；水因地而制流，兵因敌而制胜。故兵无常势，水无常形。能因敌变化而取胜者，谓之神。故五行无常胜，四时无常位，日有短长，月有死生。

比　卦

下面，以比卦所表示的情况看如何在实践中运用"形人而我无形"的原则。前面有个2：0卦，师卦的例子。如果把主卦和客卦的经卦对换一下，就成了0：2卦，比卦。下面是比卦的结构图。图中，黑色的爻表示当位的爻，灰色表示不当位的爻，图右边的细折线表示有应的爻。

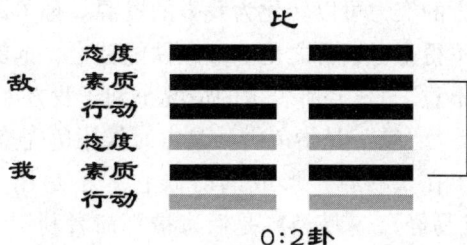

比卦的主卦是0卦，坤卦，代表我方。坤卦的三条爻都是阴爻。下爻是阴爻，表示我方被动防守。中爻是阴爻，表示我方力量薄弱。上爻是阴爻，表示我方态度柔和。客卦是2卦，坎卦，代表敌方。坎卦的下爻是阴爻，表示敌方被动防守。中爻是阳爻，表示敌方力量雄厚。上爻是阴爻，表示敌方的态度柔和。

比是0：2卦的卦名。比的意思是比较。很多书上都用比的引申的意思，把比解释为亲比，比朋，等等。那些解释也不算错，因为《易》有普遍性，需要结合具体情况作具体解释。这里是分析敌我关系，还是直接用比的本义，"比较"，比较好。第一篇中，孙子提到"故经之以五事，校之以计，而索其情"，其中有比较敌我双方的意思，这里又说"故策之而知得失之计，作之而知动静之理，形之而知死生之地，角之而知有余不足之处"，也是要比。比卦的主题是比，比敌我双方。

比卦的卦爻辞

0：2 比（《周易》第8卦）

比：吉。原筮，元永贞，无咎；不宁方来，后夫凶。

一阴：有孚比之，无咎。有孚盈缶，终来有它，吉。

二阴：比之自内，贞吉。

三阴：比之匪人。

四阴：外比之，贞吉。

五阳：显比。王用三驱，失前禽，邑人不诫，吉。

六阴：比之无首，凶。

0：2是比卦的代号，0表示其主卦是0卦坤卦，2表示客卦是2卦坎卦。在《周易》中，比卦是第8卦。

【吉。原筮，元永贞，无咎；不宁方来，后夫凶。】

这是比卦的卦辞，综合地说明当前敌我关系的情况。"吉"是对当前情况的判断，情况对我方有利，不过，在这种敌强我弱的情况下，对我方有利的条件来自敌方。从比卦的结构图可以看出，代表敌方的三个爻都是当位的爻，都对我方有利，也就是说，敌方的被动的行动与柔和的态度，给了我方取胜的机会，而敌方的实力可以转化为我方的资源。孙子说"能使敌人自至者，利之也；能使敌人不得至者，害之也。故敌佚能劳之，饱能饥之，安能动之。出其所必趋，趋其所不意"，比卦所表示的情况正利于我方如此对待敌方。

"筮"是指龟占，是古时候用龟壳烧烤后看裂纹的算命方法。从这里可以看出在《易经》形成的时候它并不是用于算命的，那时，算命用龟占，不是用《易经》，《易经》是后来被算命者利用。"原筮，元永贞，无咎"的意思是说原来按照龟占算命，如果从开始永远坚持现在的状态，无所怪罪。这里引用龟占，说明事情的发展有像算命一样的不确定性。事物本身存在不确定性，敌方可能来侵扰。

"不宁方来，后夫凶"中的"不宁方来"是指敌方来侵扰。"后夫凶"中的"夫"指我方，如果在敌方侵扰我方的时候，我方反应迟缓，则是凶险。孙子说"故我欲战，敌虽高垒深沟，不得不与我战者，攻其所必救也；我不欲战，虽画地而守之，敌不得与我战者，乖其所之也"，我方必须"为敌之司命"、"乖其所之"。

【有孚比之，无咎。有孚盈缶，终来有它，吉。】

这是比卦第一爻的爻辞，表示我方的行动，阴，象征我方的行动消极被动。第一爻是阳位，阴爻在阳位，不当位。相应的第四爻也是阴爻，阴对阴，无应。既不当位又无应，是一个不利因素。不过，爻辞并没有简单地说这是不利因素，而是告诉我方如何化不利因素为有利因素。"孚"是信用，是为人所信赖的意思，"深孚众望"。"有孚比之，无咎"，如果诚恳地把敌我双方的行动比较一下，认清形势，就无所怪罪。当前双方的行动都是被动，很少接触，为了获得利益，应当把敌方引来，孙子说"能使敌人自至者，利之也"。"有孚盈缶"，诚恳地盛满酒缸，敌人终于会被引来，那时就可以消灭敌人，"吉"。这条爻辞提供了一个解决双方被动僵持的办法，孙子说"安能动之"。

【比之自内，贞吉。】

这是比卦第二爻的爻辞。第二爻代表我方的素质，阴，表示实力薄弱。这条爻是阴爻在阴位，当位。其相应的第五爻是阳爻，与第五爻是一阴一阳，有应。既当位又有应，是有利因素。"比之自内"，从我方自己内部起比较敌我双方的力量。"贞吉"坚持下去吉利。我方的力量薄弱，应当慎重地保护自己，避免受敌人打击，孙子说"虽画地而守之，不得与我战者"。敌方力量强大，可以变成补充和壮大自己的资源，孙子说"敌车战得车十乘以上，赏其先得者而更其旌旗。车杂而乘之，卒善而养之，是谓胜敌而益强"。

【比之匪人。】

这是比卦第三爻的爻辞，阴爻，表示我方态度柔和。这条爻既不当位又无应，是个不利因素。回忆否卦的卦辞"否之匪人，不利君子贞；大往小来"，"匪人"指实力雄厚的敌方。否卦中是我方被力量强大的敌人所否定，这里，比卦中是我方和力量强大的敌方作比较。在强敌之前，态度柔和，只能屈服，而不能取胜。态度柔和是个不利因素，尽管爻辞中没有任何判断词，但是短短的"比之匪人"四个字提醒我方，不能对敌人太柔和了。

上面解释了比卦第一、第二和第三爻的爻辞，第一、二和三爻代表我方的行动、素质和态度。下面，第四、五和六爻代表敌方的行动、素质和态度。

【外比之，贞吉。】

这是比卦第四爻的爻辞。第四爻表示敌方的行动，阴，敌方的行动被动。按阳、阴、阳、阴、阳、阴的顺序，第四爻的位置是阴位，阴爻在阴位，当位，这是有利因素。另一方面，第一爻也是阴爻，第四爻与第一爻无应，这是不利因素。"外比之"，比较敌方的行动，敌方的行动被动，对我方的威胁小，我方打击敌方的机会多，这是一种有利状态，坚持这种状态，对我方有利，"贞吉"。事物总是不停地变化，而我方的被动状态，可能错失良机。爻辞虽然没有提到这点，但是，从爻的无应状态，我方应当高度重视。这个不利因素是在于我方的行动被动，而不在于敌方。我方完全可以通过自己的努力，改变被动状态，积极行动，不失良机。

【显比。王用三驱，失前禽，邑人不诫，吉。】

这是比卦第五爻的爻辞。"显"，露在外面或对比分明、容易看见的，显而易见。"邑"，古时候对县的别称，郡邑制。"诫"，劝人警惕，告诫。爻辞的意思是：明显较量。王从三面驱赶野兽，野兽从前面逃逸，百姓不惊恐，吉利。这条爻辞用了一个历史故事做比喻。《史记》有一段商朝成汤王在推翻夏桀前取得诸侯信任的记载：

> 汤出，见野张网四面。祝曰。自天下四方，皆入吾网。汤曰，嘻，尽之矣。乃去其三面。祝曰，欲左左，欲右右。不用命，乃入吾网。诸侯闻之，曰，汤德至矣，及禽兽。

在当前的敌我关系中，这条爻辞中的"王"指我方，"禽"指敌方的部队，"邑人"指敌方的指挥将领。孙子说，"微乎微乎，至于无形；神乎神乎，至于无声，故能为敌之司命"，在与敌方较量的时候，局部集中优势兵力，包围敌人，消灭敌人，同时留给敌人一条逃跑的出路，迅速结束战斗而隐蔽自己的主力，从而敌方将领无法戒备。如果这样，对我方有利。这条爻是阳爻在阳位，当位，同时与第二爻有应。既当位又有应，是有利因素，敌方强大的实力可以转化为我方的资源。爻辞在很具体地给出了战胜敌人的策略的同时，指出了"吉"是有条件的，"吉"必须"邑人不诫"。毕竟当前状态是敌强我弱，只有在"邑人不诫"的情况下，我方才能最终取得胜利。

【比之无首，凶。】

这是比卦第六爻的爻辞，第六爻表示敌方的态度，阴，这表示敌方态度柔和。第六爻的位置是阴位，阴爻在阴位，当位。另一方面，第三爻也是阴爻，第六爻无应，这是不利因素。"首"指头，脑袋。"比之无首"，比较敌方的态度的时候，找不到敌方的脑袋。敌方态度柔和，柔和就多变，就不明显，我方有可能对敌方的行动无知，"不知战之地，不知战日，则左不能救右，右不能救左，前不能救后，后不能救前"，所以凶险，"凶"。

变是《孙子兵法》与《易》的共同主题，但是，在表述这同一主题时，这两者又有所不同。《孙子兵法》是论述战争中的变化，而《易》反映社会上的普遍变化，包括战争、市场、经济、政治、婚姻、人事等等一切社会变化。《易》可以结合战争探讨军事策略，也可以不结合战争而探索与战争不相干的策略，在《易经与孙子兵法》中就有一个例子，利用比卦分析一个雇员如何对待雇主的策略。由于哲学的普遍性和抽象性，解释卦的结构和卦爻辞的时候，要具体情况具体解释。"孚"是诚信的意思，然而，"兵者，诡道也"。在讨论敌我关系的时候，"孚"就不能简单地解释成"诚信"，比卦第一爻的爻辞解释中，把"孚"解释成"诚恳"。比卦第五爻中，"王用三驱，失前禽，邑人不诫"的"王"、"禽"和"邑人"这三者的解释，这本书和《易经与孙子兵法》中的解释也完全不一样。

咸 卦

在势篇中举了一个从师卦变到临卦的例子，那时的我方从 2 卦坎卦变到 6 卦兑卦。现在从另一个角度看，我方的状态和敌方的状态掉个位置，敌方从 2 卦坎卦变到了 6 卦兑卦，我方应当怎么办？

我方能够做的仅仅是改变主卦的三个爻而已。怎样做才对我方最有利？当位和有应是两个有利的因素，我方应当把不当位的爻改变成当位的爻，把无应的爻变成有应的爻。先看当位的情况。原来我方是 0 卦坤，三个爻都是阴爻，在比卦中，第一爻和第三爻都不当位，应当改变这两个爻，也就是说，应当改变主卦的下爻和上爻。再看应的情况。敌方改成 6 卦兑卦以后，客卦的下爻是阳爻，如果我方也把主卦的下爻从阴爻改成阳爻，则与客卦的下爻冲突，无应，所以，改变主卦的下爻不是上策。主卦的中爻是当位的爻，没有必要改变。如果改变主卦的上爻，而客卦的上爻是阴爻，二者有应，所以，改变主卦的上爻是好办法，也就是说，最有利的办法是改变我方的态度，由柔和变成强硬。

那么，上爻由阴变阳以后，主卦将是 1 卦艮卦，结合客卦 6 卦兑卦，则成 1：6 卦咸卦，如下图。这个过程就是利用变卦的方法制定最佳策略。

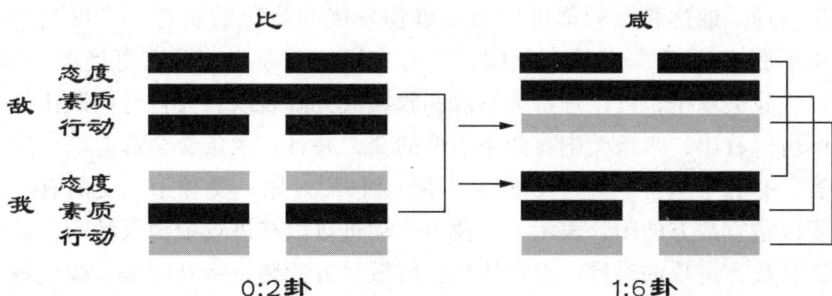

从结构图看，咸卦仍然有四个当位的爻，而且，有应的爻从一对增加到三对，六个爻全部有应。尽管敌方改善了他们的状况，从象征困难的坎卦，改成了以河泽为象征的兑卦，但是，由于我方作了相应的改变，新的形势对我方更有利。孙子说，"夫兵形象水，水之行避高而趋下，兵之形避实而击虚；水因地而制流，兵因敌而制胜。故兵无常势，水无常形。能因敌变化而取胜者，谓之神"，这个例子显示出，《易》可以帮助我们根据实际情况实现如神变化。

"咸"是卦名。"咸"是盐的味道，如：咸菜，咸鱼，不咸不淡等等。在临卦的爻辞中，有"咸临"和"甘临"，说明在《易》的用词中，"咸"与"甘"的意思是指两种味道。这种用法，从几千年前《易》出现的时候开始到现在的我国人民的日常生活用语，都没有改变。解释咸卦的时候，"咸"应当理解为盐的味道。其他书上把"咸"解释成"感"或"交感"，偏离了《易》原意。就敌我关系而言，"咸"的意思是加一点"咸味"，加了一点咸味就有味道，可以吃掉。直接地说，就是消灭掉敌人的部队。

咸卦的卦爻辞

1：6 咸（《周易》第 31 卦）

咸：亨，利贞；取女吉。

一阴：咸其拇。

二阴：咸其腓，凶，居吉。

三阳：咸其股，执其随，往吝。

四阳：贞吉，悔亡；憧憧往来，朋从尔思。

五阳：咸其脢，无悔。

六阴：咸其辅颊舌。

1∶6 是咸卦的代号，1 表示其主卦是 1 卦艮卦，6 表示客卦是 6 卦兑卦。在《周易》中，咸卦是第 31 卦。

【亨，利贞；取女吉。】

这是咸卦的卦辞，综合地说明当前敌我关系的形势。"亨"，通达，顺利；如，万事亨通。通达和顺利都可以表示事物发展和变化的状态。"贞"，坚持，如，坚贞不屈。"取女"是形象比喻，只有在婚姻关系中才可以直接作"娶妻"解释，在敌我关系中，可以理解为解散和收编敌方武装以壮大自己的队伍。从卦的结构图可以看出，六条爻中有四条当位的爻，并且，六条爻全部有应，形势对我方有利，有利于坚持下去，爻辞说"亨，利贞"。第一爻和第二爻的有应都是我方的阴以适宜敌方的阳，表示不是我方主动进攻以在进攻中消灭敌人，而是我方防守，在敌方进攻的时候，抓住战机，解散敌方武装，将其收编，改成我方部队，如果这样，就吉利，爻辞说"取女吉"。如果不是采用"取女"战术，而是将敌人全部杀死，那就不一定吉利。

【咸其拇。】

这是咸卦第一爻的爻辞，第一爻代表我方的第一个要素，行动。这是阴爻，表示我方行动被动，处防守状态。第一爻的位置是阳位，阴爻在阳位，不当位，是不利因素，表明我方的被动状态不利于我方。另一方面，由于第四爻是阳爻，第一爻与第四爻有应，这是有利因素，爻辞就是针对这个有利因素说的。"其"指敌方。"拇"指手或脚的大指。就是说，敌方刚开始行动时，就设法吃掉其先头部队。

【咸其腓，凶，居吉。】

这是咸卦第二爻的爻辞，阴爻，表示我方力量薄弱。"腓"，腓肠肌，胫骨后的肉，俗称"腿肚子"。这条爻既当位又有应，是个有利因素。如果单从爻的当位和有应的有利状态来看，当前应当是我方消灭敌人的良机，敌人已经把腿肚子伸过来了，我方应当吃掉它。然而，爻辞说"凶"，不能吃。因为从全局看，敌强我弱，我方没有那么大的肚子能吃掉敌方。所以，爻辞说"居"，不要动。吃掉敌方有凶险，隐蔽不动，吉利。

【咸其股，执其随，往吝。】

这是咸卦第三爻的爻辞，阳，表示我方态度强硬。"股"，大腿。"执"，拿着，掌握；执笔，执政。"其"，他，他的。"随"，跟着，顺从。"吝"过分爱惜，吝啬。第三爻的位置是阳位，阳爻在阳位，当位。第六爻是阴爻，第三爻和第六爻有应。当位和有应都是有利因素。"咸其股"，也就是说敌人的大部队来了，给他一点厉害。如果只从爻的当位和有应考虑，应当把敌方的大部队吃掉。然而，从整体来看，我方力量薄弱，不具备吃下敌方大部队的条件，所以，爻辞说"执其随"，牵着敌人的鼻子走。1947 年 3 月，国民党军队 20 万人进攻陕甘宁边区，陕北的解放军只有两万人，众寡悬殊，解放军采用了"蘑菇"战术，牵着敌人的鼻子走，将敌人拖得筋疲力尽，然后集中兵力歼灭敌人。这就是"执其随"。在打击敌人的时候，应当尽量避免损失，非常爱惜地使用自己的部队，按爻辞说，"往吝"。

【贞吉，悔亡；憧憧往来，朋从尔思。】

这是咸卦第四爻的爻辞。第四爻代表敌方的行动，阳，表示敌方主动向我方进攻。第四爻的位置是阴的位置，阳爻在阴位，不当位，是不利因素。另一方面，由于第一爻是阴爻，第四爻和第一爻有应，是有利因素。有利因素和不利因素都有，我方需要处理得恰当，利用有利因素，抑止不利因素。"贞吉"，坚持下去吉利。面对敌强我弱的形势，我方应当坚持下去，如果这样，就是应当做的，没有悔恨，爻辞说"悔亡"。"憧憧"，往来不定，摇曳不定，人影憧憧。"朋"指敌方。"尔"指我方。"憧憧往来，朋从尔思"指敌方摇曳不定，只得顺从我方的意思而转移。我方善守，敌不知其所攻。这正如孙子所说"微乎微乎，至于无形；神乎神乎，至于无声，故能为敌之司命"。

【咸其脢，无悔。】

这是咸卦第五爻的爻辞。第五爻代表敌方的素质，阳，表示敌方实力雄厚。按阳、阴、阳、阴、阳、阴的顺序，第五爻的位置是阳位，阳爻在阳位，当位。同时，它又与第二爻是阴阳相应。第五爻既当位又有应，是有利因素。"脢"，猪、牛等脊椎两旁的条状瘦肉，即"里脊"。"咸其脢"，意思是出其不意地从敌方的后面予以打击。这样巧妙地打击敌人，没有悔恨，爻辞说"无悔"。孙子说，"故善攻者，敌不知其所守"，又说，"进而不可御者，冲其虚也"，还说"吾所与战之地不可知，不可知则敌所备者多，敌所备者多，则吾所与战者寡矣。故备前则后寡，备后则前寡，备左则右寡，备右则左寡，无所不备，则无所不寡”。爻辞的"咸其脢，无悔"，有助于我们理解孙子的话。

【咸其辅颊舌。】

这是咸卦第六爻的爻辞。第六爻代表敌方的态度。阴爻，表示敌方的态度柔和。这条爻既当位又有应，是对我方的有利因素。"辅"，指面颊，人的颊骨部位。"颊"，人的面部两侧从眼到下颌的部分。脸是显示表情的，舌头是说话的，这爻辞的意思可以理解为"打击敌方的通讯系统"。古代没有电子设备，其"通讯系统"指人的传递信息和间谍。

第七章　军争篇

孙子曰：凡用兵之法，将受命于君，合军聚众，交和而舍，莫难于军争。军争之难者，以迂为直，以患为利。故迂其途，而诱之以利，后人发，先人至，此知迂直之计者也。故军争为利，军争为危。举军而争利则不及，委军而争利则辎重捐。是故卷甲而趋，日夜不处，倍道兼行，百里而争利，则擒三将军，劲者先，疲者后，其法十一而至；五十里而争利，则蹶上将军，其法半至；三十里而争利，则三分之二至。是故军无辎重则亡，无粮食则亡，无委积则亡。故不知诸侯之谋者，不能豫交；不知山林、险阻、沮泽之形者，不能行军；不用乡导者，不能得地利。故兵以诈立，以利动，以分合为变者也。故其疾如风，其徐如林，侵掠如火，不动如山，难知如阴，动如雷震。掠乡分众，廓地分利，悬权而动。先知迂直之计者胜，此军争之法也。

《军政》曰："言不相闻，故为金鼓；视不相见，故为旌旗。"夫金鼓旌旗者，所以一人之耳目也。人既专一，则勇者不得独进，怯者不得独退，此用众之法也。故夜战多金鼓，昼战多旌旗，所以变人之耳目也。

故三军可夺气，将军可夺心。是故朝气锐，昼气惰，暮气归。善用兵者，避其锐气，击其惰归，此治气者也。以治待乱，以静待哗，此治心者也。以近待远，以佚待劳，以饱待饥，此治力者也。无邀正正之旗，无击堂堂之阵，此治变者也。

故用兵之法，高陵勿向，背丘勿逆，佯北勿从，锐卒勿攻，饵兵勿食，归师勿遏，围师遗阙，穷寇勿迫，此用兵之法也。

损　卦

别卦中，下面的一个经卦代表主方，是主卦；上面的一个经卦代表客方，是客卦。在敌我关系中，主卦代表我方，客卦代表敌方。前面介绍的咸卦，主卦是1卦艮卦，客卦是6卦兑卦。现在，从另一个角度分析，把主卦和客卦互换位置，主卦是6卦兑卦，客卦是1卦艮卦，就成了损卦，如图：

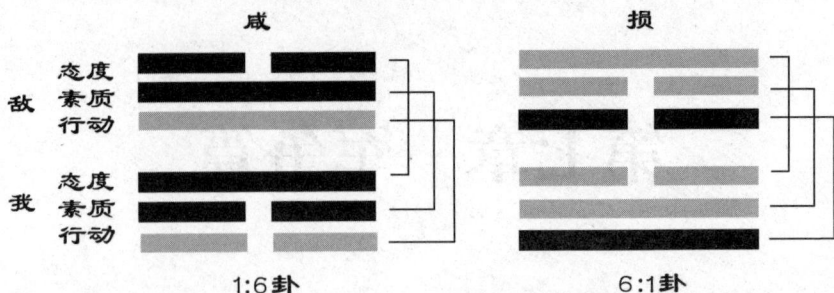

咸

损

敌 态度 素质 行动

我 态度 素质 行动

1:6卦

6:1卦

上图中，左边是咸卦，右边是损卦。咸卦中的主卦和客卦互相调换位置，就成了损卦。这两个别卦都是由艮卦和兑卦组成，它们的相互位置不同，组成了不同的别卦，代表完全不同的双方关系形势。

6:1是损卦的代号，表示主卦是6卦兑卦，客卦是1卦艮卦；表示主卦的阳数是6，客卦的阳数是1；表示主卦和客卦的阳数之比是6比1，从数量上反映我方和敌方军事实力之比，我方占绝对优势。图中的细折线表示有应的爻，黑色表示当位的爻，灰色表示不当位的爻。

对比咸卦和损卦可以看出，它们的爻都是全部有应，但是，损卦只有两条爻当位，咸卦有四条爻当位，尽管在实力对比上我方占绝对优势，而整个形势对敌方更有利。这就是说，除了实力以外，还有其他因素需要考虑，实力可以是征服敌人的保证，也可以是被敌人转化为实力的资源。侵华日军的实力曾经很强大，但是变成了八路军壮大的资源，近代有很多战争也是如此。

决定卦是否有利的主要因素是当位和有应，毕竟损卦有两个当位的爻，而且六个爻全部有应，它不是一个不利的卦，损卦不是一个坏卦。我方的实力雄厚本来就是一个有利因素，困难是由于遇到了敌方的强硬态度，遇到敌方的顽强抵抗。在这种情况下，我方不应当凭借实力一味进攻，而是应当讲究进攻中的策略。

损卦的卦爻辞

6:1损（《周易》第41卦）

损：有孚，元吉，无咎，可贞，利有攸往。曷之用？二簋可用享。

一阳：已事遄往，无咎；酌损之。

二阳：利贞，征凶；弗损益之。

三阴：三人行则损一人，一人行则得其友。

四阴：损其疾，使遄有喜，无咎。

五阴：或益之十朋之龟，弗克违，元吉。

六阳：弗损益之；无咎，贞吉，利有攸往，得臣无家。

6:1是损卦的代号。以前出的关于《易经》的书中没有别卦的代号，只有在周易中的编号，损卦在周易中的编号是41，损卦是周易中的第41卦。"损"是6：1卦的卦名。损卦的损，我们不能简单地把它理解为遭受损失，而应当理解为一种策略，在敌我关系中，应当理解为"以患为利"，理解为"迂其途，而诱之以利"。"一阳"、"四阴"等是爻的代号，在别卦中，爻的顺序由下往上，"一阳"指第一爻，是最下面的一条爻，它的性质是阳。"四阴"指从下面开始数的第四条爻，它的性质是阴。以前的出版物中，用"初九"代表"一阳"，用"六四"代表"四阴"，这本书不用"九"和"六"表示爻的阴阳性质，而直接在爻的序号后面加"阴"或"阳"。

【有孚，元吉，无咎，可贞，利有攸往。曷之用？二簋可用享。】

这是损卦的卦辞，综合地说明当前敌我关系的形势。"孚"是信用，是为人所信赖的意思，"深孚众望"。在敌我关系中，可以理解为谨慎处理对敌关系。损卦有两条爻当位，有四条爻不当位，卦辞说"有孚"，强调谨慎对待敌方。六条爻全部有应，总的形势有利，卦辞说"元吉"。如果谨慎对待，则无可怪罪，"无咎"。我方实力强大，可以坚持下去，"可贞"，我强敌弱，"利有攸往"。言外之意，如果不谨慎对待，则不一定"利有攸往"。"曷"，古代疑问词，怎么，何时。"簋"（guǐ），古代盛食物的器具，圆口，两耳。"享"，享受，享用，这里指享祀，享祀之礼。享祀之礼，最多的用八簋，一般的用四簋，最少的用两簋。"曷之用？二簋可用享"，意思是，怎么作享祀？用二簋食物即可作享祀。结合敌我关系解释，作享祀的是谁？是我方。享受祀祭的是谁？是敌方。"曷之用？二簋可用享"就是"诱之以利"的策略，这也是卦名"损"的真正含义。也就是说，在谨慎对待的时候，"利有攸往"，如何往呢？可以恰当地"诱之以利"。

【巳事遄往，无咎；酌损之。】

这是损卦第一爻的爻辞。第一爻代表我方的行动，阳，表示我方在主动积极地进攻。第一爻的位置是阳位，阳爻在阳位，当位；同时，它与第四爻有应，既当位又有应，是个有利因素。但是，从总体上看，爻辞更强调策略。"巳"（sì），地支的第六位。巳时，指上午的9点到11点。"遄"，快，迅速。"巳事遄往"，上午的9点到11点的事情，迅速去办。从当前的敌我关系说，就是要"后人发，先人至"。如果做到后人发，先人至，就无所怪罪，"无咎"。"酌"，斟酌，估量，酌情办理。"之"，指示代词，"这"，"那"。"损之"是给敌方造成损失。"酌损之"是说酌情给敌方造成损失。这条爻辞的意思是强调后人发，先人至，根据实际情况，恰当地给敌人造成损失。孙子说，"高陵勿向，背丘勿逆，佯北勿从，锐卒勿攻，饵兵勿食，归师勿遏，围师遗阙，穷寇勿迫"等等，都是"酌损之"。

【利贞，征凶；弗损益之。】

这是损卦第二爻的爻辞。第二爻代表我方的素质，阳，表示我方实力雄厚。第二爻的位置是阴位，阳爻在阴位，不当位，是不利因素。另一方面，与第五爻是一阴一阳，有应，对我方有利。孙子说，"兵以诈立"，我方应当慎重使用力量，以免被敌方利用，应当保持当前的有利状态，"利贞"。盲目进攻有风险，"征凶"。为了能够消灭敌方主力，我方应当设法让敌方暴露出来，孙子说，"军争为利"，在目前形势下，我方应当给敌方一点甜头，而不要损伤它，"弗损益之"。

【三人行则损一人，一人行则得其友。】

这是损卦第三爻的爻辞。第三爻代表我方的态度，阴，表示我方的态度柔和。这条爻是阴爻占阳位，不当位，是不利因素。然而，它与第六爻有应，又是有利因素。爻辞提出比较具体的建议。结合当前的敌我关系，"三人行"比喻大部队进攻，"一人行"比喻小部队进攻。"友"指与之战斗的敌人。爻辞的意思是，如果大部队进攻，则损失一部分部队；如果用小部队进攻，则与规模相当的敌军交锋。孙子说，"以分和为变者也"，"三人行"是和，"一人行"是分，分与和要适应战场情况而变化。当前，敌人的实力薄弱，但是顽强抵抗，我方用大部队进攻，受的损失大，用小部队进攻比较适合。

【损其疾，使遄有喜，无咎。】

这是损卦第四爻的爻辞。第四爻代表敌方的行动，阴，表示被动防守。这个爻既当位又有应，是个有利因素。"疾"，病，身体不舒适。"使"，派遣，差遣，支使。"遄"，快，迅速。结合当前敌我关系的形势，"损其疾"的意思是损伤那个正有病的敌人。"使遄有喜"的意思是派遣部队快速进攻，将有喜讯。如果这么做，就对了，"无咎"。孙子说，"故其疾如风，其徐如林，侵掠如火，不动如山，难知如阴，动如雷震。掠乡分众，廓地分利，悬权而动"，爻辞则说"损其疾，使遄有喜"。因为《易》是哲学，具有普遍性，用在军事上，爻辞提供的策略就与孙子的话一致。当然，用在其他场合，例如，业务关系，家庭关系等等，就得根据具体情况，作具体解释。

【或益之十朋之龟，弗克违，元吉。】

这是损卦第五爻的爻辞。第五爻代表敌方的素质，阴，表示敌方实力薄弱。这个爻是阴爻在阳位，不当位，是不利因素；但是，它与第二爻有应，是有利因素。"或"，或者，可能。"朋"，古时的货币。"龟"，古时用龟于占卜。"十朋之龟"表示非常珍贵的礼物。"违"，背离，不依从；违背，违约，阳奉阴违。这爻辞的意思是：或者给予敌方很多利益，以致本来不能攻克的敌军也背离了它们的主帅，这对我方非常吉利。这是利用我方对敌方的巨大优势，"而诱之以利"。

【弗损益之；无咎，贞吉，利有攸往，得臣无家。】

这是损卦第六爻的爻辞。第六爻代表敌方的态度，阳，表示敌方态度强硬。这条爻不当位，但是有应，既不利又有利。敌方虽然实力微弱，但是态度强硬，负隅顽抗，而我方态度柔和，阴阳有应，这种情况下，应当不损伤敌方而以利诱之，"弗损益之"。应当这么做，"无咎"。坚持下去吉利，"贞吉"。这有利于我方向前推进，"利有攸往"。"得臣"，敌方降服为臣。"无家"，放弃原来的立场。结果，敌方降服而放弃原来的立场，"得臣无家"。

八佰伴跨国百货集团

日本八佰伴跨国百货集团的社长和田一夫，在 1969 年专访巴西圣保罗市，在大街小巷中仔细观察巴西人的生活实况，并特别到巴西最大的马赛百货公司购物，这家百货公司是法国人开的，结果在对待顾客的态度上不尽理想，因此引发和田一夫到巴西开设百货公司的念头，他认为以良好的服务，获取市场的利益，在巴西设立百货公司，可以提高公司的获利，解决日本八佰伴集团的困境。

由八卦的卦象，可以找到一个代表日本八佰伴集团的经卦，这就是兑卦。兑卦的卦象是泽，泽是水积聚的地方，如河泽、水乡泽国。"河泽滋润万物"，水乡泽国多是鱼米之乡、富饶地带。6 卦的下爻是阳爻，表示主动的行动，"滋润"象征主动，可以代表八佰伴集团积极创业的行动；中爻是阳爻，表示素质良好，河泽万里呈现富饶景象，是良好素质的象征，可以代表八佰伴集团的经营实力；上爻是阴爻，表示态度柔和，水乡泽国，湖泊河流交横，风景秀丽，象征柔和态度。兑卦可以代表八佰伴集团良好的服务态度。

由八卦的卦象，可以找到一个代表顾客的经卦，这就是艮卦。1 卦，艮卦，艮卦是卦名，1 是艮卦的代号。如果把阴爻都换成 0，阳爻换成 1，成为二进制数001，它的数值是 1，阳数是 1。艮卦，卦象是山，山坚定不移，静止不动，这种静止的状态可以用第一爻表示，这是阴爻。山很高大，但是对于生活在远离山区的人来说，山对人的生活没有多大影响；尽管山影响气候与水流，但是对人的直接影响很少；山对人有不利，山阻挡风，阻碍交通，有时还有山崩或山洪，但是，人多在离山远远的地方生活，山不会主动加害于人；山对人也有益，古时候，人住在山洞中避风寒，在山上猎取动物，山中蕴有矿藏、林木和旅游资源，但是，山不会主动有益于人。山的素质可以用第二爻表示，这是阴爻。山峰峻峭而坚硬，不屈不软，可以象征严峻、僵硬的态度，山的态度可以用第三爻表示，这是阳爻。山的特性是静止而僵硬。艮卦可以代表顾客，顾客是被动的，只有向顾客提供服务，顾客才会到商店来，才会把手中的钱付给商店；顾客的态度是严峻的，服务不好，顾客就不来，或者去往别家商店。

从八佰伴集团的角度看公司与顾客的关系，代表八佰伴集团的6卦是主卦，代表顾客的1卦是客卦，这个关系可以用6∶1卦代表，这是损卦。由于《易》具有普遍性，对于军事中的敌我关系，和对于经济活动中的公司和顾客的关系，同样的卦爻辞，其解释自然不同。下面是损卦卦爻辞在公司和顾客的关系中的解释。

【有孚，元吉，无咎，可贞，利有攸往。曷之用？二簋可用享。】

这是损卦的卦辞，综合地说明当前八佰伴集团与顾客的关系。"孚"是信用，是为人所信赖的意思，"深孚众望"。在与顾客的关系中，要讲诚信，取得顾客信赖。损卦有两条爻当位，有四条爻不当位，六条爻全部有应，总的形势有利，卦辞说"元吉"。如果对顾客诚恳，则无可怪罪，"无咎"。八佰伴集团资本雄厚，可以坚持下去，"可贞"。开拓市场，"利有攸往"。"曷之用？二簋可用享"，意思是，如何做好为顾客服务呢？给顾客实惠即可。

【巳事遄往，无咎；酌损之。】

这是损卦第一爻的爻辞。第一爻代表八佰伴集团的行动，阳，表示八佰伴集团在主动积极地经营。第一爻的位置是阳位，阳爻在阳位，当位；同时，它与第四爻有应，既当位又有应，是个有利因素。但是，从总体上看，爻辞更强调策略。"巳"，地支的第六位。巳时，指上午的9点到11点。"遄"，快，迅速。"巳事遄往"，上午的9点到11点的事情，迅速去办。从当前的对顾客的关系说，如果顾客有要求，就尽快满足。如果尽快满足顾客的需要，就无所怪罪，"无咎"。"酌"，斟酌，估量，酌情办理。"之"，指示代词，"这"，"那"。"损之"是让顾客耗费。"酌损之"，让顾客耗费适当。

【利贞，征凶；弗损益之。】

这是损卦第二爻的爻辞。第二爻代表八佰伴集团的素质，阳，表示八佰伴集团实力雄厚。第二爻的位置是阴位，阳爻在阴位，不当位，是不利因素。另一方面，与第五爻是一阴一阳，有应，对八佰伴集团有利。坚持下去对八佰伴集团有利，然而，过度扩张，有凶险。不要损伤顾客利益，多给顾客优惠。

【三人行则损一人，一人行则得其友。】

这是损卦第三爻的爻辞。第三爻代表八佰伴集团的态度，阴，表示八佰伴集团的态度柔和。这条爻是阴爻在阳位，不当位，是不利因素。然而，它与第六爻有应，又是有利因素。"三人行"比喻扩张过大，扩张过大则损失多余部分。"一人行"比喻经营规模小于市场需要，则能够得到更多的各方面的支持，包括银行等金融机构的支持。

【损其疾，使遄有喜，无咎。】

这是损卦第四爻的爻辞。第四爻代表顾客的行动，阴，表示顾客被动。这个爻既当位又有应，是个有利因素。"疾"，病，身体不舒适。"使"，派遣，差遣，支使。"遄"，快，迅速。"损其疾"的意思是解决顾客的困难。"使遄有喜"的意思是迅速满足顾客急需，对八佰伴集团将有喜讯。努力满足顾客急需，无所怪罪。

【或益之十朋之龟，弗克违，元吉。】

这是损卦第五爻的爻辞。第五爻代表顾客的素质，阴，表示顾客缺乏生活需要商品。这个爻是阴爻在阳位，不当位，是不利因素；但是，它与第二爻有应，是有利因素。"或"，或者，可能。"朋"，古时的货币。"龟"，古时用龟于占卜。"十朋之龟"表示非常珍贵的礼物。"违"，背离，不依从；违背，违约，阳奉阴违。这爻辞的意思是：或者给予顾客很多优惠与方便，以致本来不能争取到的顾客也背离了它们原来的购买渠道，这对八佰伴集团非常吉利。

【弗损益之；无咎，贞吉，利有攸往，得臣无家。】

这是损卦第六爻的爻辞。第六爻代表顾客的态度，阳，表示顾客态度强硬。这条爻不当位，但是有应，既不利又有利。应当不损伤顾客的利益，以良好的服务让顾客受益，"弗损益之"。应当这么做，"无咎"。坚持下去吉利，"贞吉"。这有利于八佰伴集团的发展，让顾客保持与八佰伴集团的良好关系，经常光顾八佰伴，"得臣无家"。

损卦的卦爻辞客观地表述了八佰伴集团所面临的形势，不仅正面提出讲诚信，提高服务质量等建议，而且明确地指出了八佰伴应当注意的问题。八佰伴集团曾经先后在巴西、新加坡、香港、上海、英国、美国建立了一系列分号，掀起一股流通业国际化的浪潮，八佰伴集团逐步发展成为一个拥有 236 亿日元资本、42 家日本国内骨干店铺、26 家海外超市的连锁企业。然而，在 1997 年破产了。破产的原因正是扩张过度，并且受到 1994 年美国联邦储备局接连 6 次提高利率的影响，失去东海、住友信托、日本长期信用这三家银行的支持，"三人行则损一人，一人行则得其友"，既损其人，又失其友。

第八章 九变篇

孙子曰：凡用兵之法，将受命于君，合军聚众，泛地无舍，衢地交合，绝地无留，围地则谋，死地则战。途有所不由，军有所不击，城有所不攻，地有所不争，君命有所不受。

故将通于九变之利者，知用兵矣；将不通九变之利者，虽知地形，不能得地之利矣；治兵不知九变之术，虽知五利，不能得人之用矣。

是故智者之虑，必杂于利害，杂于利而务可信也，杂于害而患可解也。是故屈诸侯者以害，役诸侯者以业，趋诸侯者以利。故用兵之法，无恃其不来，恃吾有以待也；无恃其不攻，恃吾有所不可攻也。

故将有五危，必死可杀，必生可虏，忿速可侮，廉洁可辱，爱民可烦。凡此五者，将之过也，用兵之灾也。覆军杀将，必以五危，不可不察也。

伊拉克战争，大畜卦

看损卦，其第三爻是阴爻，不当位，是不利因素。第三条代表主方的态度，主方可以改变，如果改成阳爻，则得大畜卦。然而，现实中，敌我形势是历史形成的，而不是主观想改变某些不利因素就改变。比如，在伊拉克战争以前，从美国的角度看美国和伊拉克的关系，就是一个大畜卦。那么，那个时候，美国应当怎么办才对？2003 年 3 月 20 日美国发动了伊拉克战争，五年多过去了，连当时宣布战争的美国总统布什都承认发动伊拉克战争是错误的了。布什在伍德罗·威尔逊中心发表演说时承认美国发动伊拉克战争时依据的大部分情报是错误的，并表示"作为总统，我对决定进入伊拉克负有责任"。话又说回来，如果那时的情报是完全正确的，美国发动伊拉克战争是不是错误的？下面从美国的立场出发，从美国的利益出发，从军事策略来考虑，结合《孙子兵法》，用大畜卦来分析美国发动这场战争是不是错误。

八卦有八个卦象。乾卦，卦象是天，天发射光和热，有巨大的能量，天运动不息。艮卦，卦象是山，山坚定不移，山阻挡风，阻碍交通。如果用形象描述伊战前的美国和伊拉克，美国像天，有巨大的军事力量，积极主动向外扩张。伊拉克像山，坚定地与美国对抗。天是乾卦的卦象，山是艮卦的卦象。从美国的立场来看，主卦是乾卦，客卦是艮卦，两者合成的别卦是大畜卦，如下图右。下图左是前面提到的损卦。

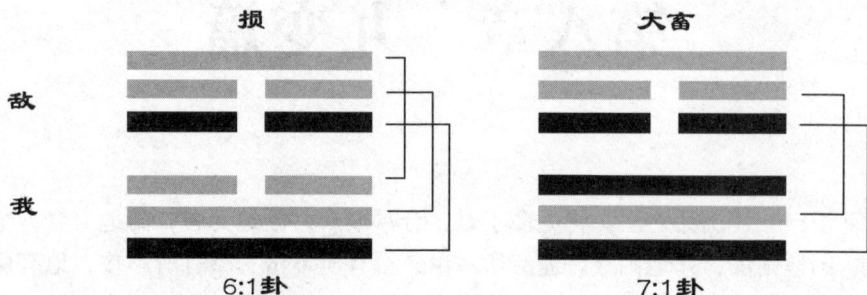

大畜卦的卦爻辞

7:1 大畜（《周易》第 26 卦）

大畜：利贞，不家食吉，利涉大川。

一阳：有厉，利巳。

二阳：舆说輹。

三阳：良马逐，利艰贞；曰闲舆卫，利有攸往。

四阴：童牛之牿，元吉。

五阴：豶豕之牙，吉。

六阳：何天之衢，亨。

7:1 是大畜卦的代号，表示大畜卦的主卦是 7 卦乾卦，客卦是 1 卦艮卦。大畜是卦名。在周易中大畜卦是第 26 卦。"畜"，养禽兽，畜产，畜牧事业。按这个卦的卦名的意思，美国应当把伊拉克这头大野兽驯服，养起来。是畜养，要驯服它，但不是消灭它，不是打死它。畜养野兽是为了自己的利益，要避免自己受到伤害，要避免自己受损失。

【利贞，不家食吉，利涉大川。】

这是大畜卦的卦辞，综合地说明当时的敌我关系。对照上面大畜卦的结构图，图中，黑色表示当位的爻，灰色表示不当位的爻。当位的爻有三条，不当位的爻也有三条，就当位情况而言，大畜卦是不好不坏。细折线表示有应，三对爻中有两对有应，表示情况少许对美方有利。当位和有应的情况，对美方有利，但不是很有利。有利于美方保持现状，"利贞"。"贞"是坚持下去的意思，但不一定有利于改变现状。也就是说，应当不发动战争而保持对伊拉克的压力和影响。"不家食吉"，意思是不吃家里的食物，就吉利。就美国和伊拉克的关系来说，从美国的角度看，不出兵，不消耗经费，就吉利。言外之意，如果出兵，如果耗用经费，就不一定吉利。五年多的伊拉克战争，据 2008 年 3 月 20 日新闻报道："迄今，美军已付出了阵亡近 4000 人、伤残近 3 万人的代价。在经济负担方面，美国用于伊拉克的直接军费累计已达 5000 亿美元。据有关专家估计，加上伤员治疗费用和债务利息，这场战争最终使美国付出的经济代价将高达 3 万亿美元。"这证明了大畜卦的卦辞中建议"不家食吉"是完全正确的，违背这个建议，就受到了惨重损失。"利涉大川"是在"不家食"的条件下"涉大川"是有利的。到底"涉大川"是什么意思？就美伊关系而言，不出兵，不消耗经费的情况下，"涉大川"就是指外交、经济、文化和政治等等多方面突破。"涉大川"不是指军事行动，而是指不出兵、不消耗经费的非军事行动。

【有厉，利巳。】

这是大畜卦第一爻的爻辞。第一爻代表美方的行动，阳，表示美方行动积极，富进攻性。在卦的结构图上，第一爻是黑色，黑色表示当位的爻。旁边有一条细折线与第四爻相连，表示和第四爻有应。第一爻既当位又有应，是个有利因素，肯定美方的积极态度是对的。卦是绝对抽象的，爻的当位和有应所表示的意思也是抽象的、普遍的。它肯定美方的积极行动，但是，没有具体说明是什么积极行动。爻辞是对爻的说明，比爻少许具体些。这条爻辞从策略上向美方提出建议。"厉"，凶猛，厉害；这老虎很厉害。"巳"，地支的第六位；巳时，指上午的 9 点到 11 点。爻辞告诉美方尽管伊拉克力量薄弱，但是如果美方进攻，可能遇到很厉害的抵抗，"有厉"。爻辞又告诉美方，应当晚行动，"利巳"。

【舆说輹。】

这是大畜卦第二爻的爻辞，阳，表示美国力量强大。这条爻有应，但是不当位，有利有弊。"舆"，车中装载东西的地方。"輹"，车下横木，装上轮子车可以运行。"说"是脱开的意思。这条爻辞直接建议美方，把车"輹"脱开，车子不要前行了，以免前进过分。看此爻辞，显然，美国不应当进攻伊拉克。

【良马逐，利艰贞；曰闲舆卫，利有攸往。】

这是大畜卦第三爻的爻辞，代表美方的态度，阳，表示美方的态度强硬。从大畜卦的结构图可以看到，这条爻，当位而无应，是一个对美方不很有利的因素。这个不很有利的因素主要是因为敌方的态度也强硬。如果美方一定要与敌方拼，美方可能遭受损失。孙子说："故将有五危，必死可杀，必生可虏，忿速可侮，廉洁可辱，爱民可烦。凡此五者，将之过也，用兵之灾也。覆军杀将，必以五危，不可不察也。"所以，爻辞建议美方不要硬拼。"良马逐"，好马不要用于战斗，让它们自由地逐鹿。要这么理智用兵并不容易，需要艰苦地坚持，"利艰贞"。爻辞进一步建议，在空闲的时候，练习用车辆的防卫战术。孙子说："故用兵之法，无恃其不来，恃吾有以待之；无恃其不攻，恃吾有所不可攻也。"按前面说的这样做，有利于整个局势的进展，"利有攸往"。

【童牛之牿，元吉。】

这是大畜卦第四爻的爻辞。第四爻代表伊方的行动，阴，表示伊方的行动是被动防守。第四爻的位置是阴位，阴爻在阴位，当位，是对美方的有利因素。这条爻又与第一爻是一阴一阳，有应，也是对美方有利的因素。总之，伊方的被动是对美方的有利因素。"童牛"是指幼小的。童牛还没有长角，不能够用角顶人，对人没有威胁。爻辞用童牛比喻伊方，说明伊方的被动行动对美方没有威胁。尽管伊方的被动状态不威胁美方，美方也提前防范其威胁，这就是孙子说的"杂于害而患可解也"。"牿"是绑在牛角上使牛不得顶人的横木。在童牛的头上绑上横木，不仅童牛现在不能顶人，即使以后，角长出来了也不能顶人，这么做就对美方非常有利。所以，爻辞说"童牛之牿，元吉"。

【豮豕之牙，吉。】

这是大畜卦第五爻的爻辞。第五爻代表伊方的素质，阴爻，表示伊方的实力薄弱。按阳、阴、阳、阴、阳、阴的顺序，第五爻是阳位，阴爻在阳位，不当位，是不利因素。另一方面，由于第二爻是阳爻，第五爻与第二爻有应，它又是个对美方的有利因素。"豮"（fén），阉割猪。"豕"（shì），猪。"豮豕"是比喻伊方，经过长期战争和受经济制裁，伊方已经很虚弱，就好比被阉割了的猪。伊方的武装力量就好比被阉割了的猪的牙齿。而对比之下，美方有最先进的常规武器，有最现代化的空军、海军、陆战队和特种部队。显然，伊方的豮豕之牙伤害不了美方。但是，尽管那豮豕之牙伤害不了美方，美方仍然想打击它。孙子说，"是故智者之虑，必杂于利害，杂于利而务可信也，杂于害而患可解也"，这是"杂于利"。在那时的美强伊弱，实力对比悬殊的情况下，"杂于利而务"，对美方有利，所以，爻辞说"吉"。

【何天之衢，亨。】

这是大畜卦第六爻的爻辞，这是一条既不当位又无应的爻，它表示伊方的强硬态度是对美方的一个不利因素。"何"，感叹词。"衢"，四通八达的道路。"亨"，通达，顺利；如，万事亨通。爻辞直接向美方指出：向天的道路四通八达，道路何其多啊，事物进展顺利。言外之意，战争并不是解决问题的唯一捷径，可以对伊方的强硬态度置之不理。

据国防知识报报道，在哈佛大学，《孙子兵法》是研究生的必修课。美国西点陆军学院、印第安纳波列斯海军学院、科罗拉多空军学院、国防指挥参谋学院等著名军事院校的必修课程中，都列有《孙子兵法》。美军的最高学府——国防大学，更是将《孙子兵法》列为将官主修战略学的第一课，位于克劳塞维茨《战争论》之前。美国军校不仅把《孙子兵法》作为教科书来学习，而且，在推进新军事变革中，美国国防大学还开办了"孙子兵法与信息战"论坛，要求全军和地方学者就该主题发表文章，广泛讨论。

既然如此，为什么美国在伊拉克打了 5 年还不能取胜呢？因为《孙子兵法》是军事科学，具体地阐述战争中的变化与规律。在考虑是否发动这场战争以前，需要站在战争之外，以更开阔的眼界，分析美伊双方的形势以决定是否发动战争，需要用《易》分析战前的形势。

《易》描述事物的普遍性质和反映事物变化的普遍规律，如果那个时候美方能够用大畜卦决策，也许不至于损失 4000 多士兵的生命和消耗数千亿美元。当然，用《易》决策的时候，一定要明白：别卦代表己彼双方。

第九章　行军篇

孙子曰：凡处军、相敌，绝山依谷，视生处高，战隆无登，此处山之军也。绝水必远水，客绝水而来，勿迎之于水内，令半济而击之利，欲战者，无附于水而迎客，视生处高，无迎水流，此处水上之军也。绝斥泽，唯亟去无留，若交军于斥泽之中，必依水草而背众树，此处斥泽之军也。平陆处易，而右背高，前死后生，此处平陆之军也。凡此四军之利，黄帝之所以胜四帝也。凡军好高而恶下，贵阳而贱阴，养生而处实，军无百疾，是谓必胜。丘陵堤防，必处其阳而右背之，此兵之利，地之助也。上雨水沫至，欲涉者，待其定也。凡地有绝涧、天井、天牢、天罗、天陷、天隙，必亟去之，勿近也。吾远之，敌近之；吾迎之，敌背之。军旁有险阻、潢井、葭苇、山林、翳荟者，必谨覆索之，此伏奸之所处也。

敌近而静者，恃其险也；远而挑战者，欲人之进也；其所居易者，利也；众树动者，来也；众草多障者，疑也；鸟起者，伏也；兽骇者，覆也；尘高而锐者，车来也；卑而广者，徒来也；散而条达者，樵采也；少而往来者，营军也；辞卑而益备者，进也；辞强而进驱者，退也；轻车先出居其侧者，陈也；无约而请和者，谋也；奔走而陈兵者，期也；半进半退者，诱也；杖而立者，饥也；汲而先饮者，渴也；见利而不进者，劳也；鸟集者，虚也；夜呼者，恐也；军扰者，将不重也；旌旗动者，乱也；吏怒者，倦也；杀马肉食者，军无粮也；悬瓿不返其舍者，穷寇也；谆谆翕翕，徐与人言者，失众也；数赏者，窘也；数罚者，困也；先暴而后畏其众者，不精之至也；来委谢者，欲休息也。兵怒而相迎，久而不合，又不相去，必谨察之。

兵非贵益多也，惟无武进，足以并力料敌取人而已。夫惟无虑而易敌者，必擒于人。卒未亲而罚之，则不服，不服则难用。卒已亲附而罚不行，则不可用。故令之以文，齐之以武，是谓必取。

令素行以教其民，则民服；令不素行以教其民，则民不服。令素行者，与众相得也。

阴　阳

《易》中坤卦和乾卦定义了阴阳。坤卦是纯阴卦，卦象是地，阴代表地的特性；乾卦是纯阳卦，卦象是天，阳代表天的特性。行军篇中的阴阳运用有：

狭义的阴阳：贵阳而贱阴。

阳表示肯定，阴表示否定：则民服，则民不服。

阳表示生，阴表示死：前死后生。

阳表示进，阴表示退：辞卑而备者，进也；辞强而进驱者，退也。

阳表示抽象，阴表示具体。这篇中突出地运用了具体和抽象的阴阳思维。地是可以触摸的，可以度量的，阴代表地的特性，可以代表具体的事物；天是难以触摸的，难以度量的，阳代表天的特性，可以代表抽象的事物。行军篇中举了33个料敌的例子，以具体"者"，抽象"也"的句型表示从具体的现象得到抽象的认识。

八　卦

对照行军篇中的四种行军地形和八卦，可以看出，四种行军正好对应艮卦、坎卦、兑卦和坤卦。这四个卦的卦象是山、水、泽和地。

实际上，这里孙子说的"处山"、"处水"、"处斥泽"和"处平陆"不仅是四种行军地形，古代人的居住也是这四处，"处山"、"处水"、"处斥泽"和"处平陆"。由此可见，八卦的八个卦象中的山、水、泽和地代表了人类居住、行军等一切活动的地区，而另外四个卦象：风、雷、火和天，则是人类所处、所受、所行，或面对的环境。

遯　卦

《易》的六画卦叫别卦，表示双方关系的一个类别。在九变篇中分析了7：1

卦，大畜卦。把主客关系对调一下，得到 1：7 卦，遯卦，如下图。

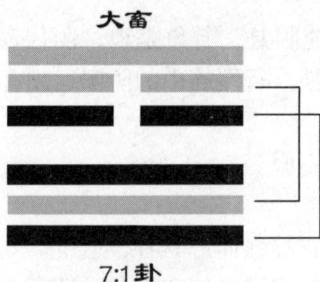

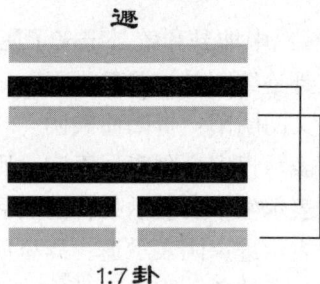

遯卦的卦爻辞

1：7 遯（《周易》第 33 卦）

遯：亨，小利贞。

一阴：遯尾，厉，勿用有攸往。

二阴：执之用黄牛之革，莫之胜说。

三阳：系遯，有疾厉；畜臣妾，吉。

四阳：好遯，君子吉，小人否。

五阳：嘉遯，贞吉。

六阳：肥遯，无不利。

1：7 是遯卦的代号，表示其主卦是 1 卦艮卦，客卦是 7 卦乾卦。遯（dùn），同"遁"，逃避，躲闪：遁去。遯卦的卦名表示，在强大敌人的压力下，主方应当逃遁。遯卦在周易中的是第 33 卦。

【亨，小利贞。】

这是遯卦的卦辞，概括地分析当前的敌我关系形势。"遯"与遁是一个字，逃避。"亨"，通达，顺利；如，万事亨通。"贞"，坚定，有节操；忠贞，坚贞不屈。从卦的结构看，第二、三、五爻当位，第一爻和第四爻，以及第二爻和第五爻有应，这象征着当前的形势对我方不是很坏，我方能够顺从敌方的进攻，有机会把敌方的实力转化为自己所有，并且，我方能够以强硬的态度维护自己的独立和尊严，因此卦爻辞说"亨"。由于敌方力量强大，进攻紧逼，并且态度蛮横，如果我方坚持，则益处不大，因此卦辞说"小利贞"，还是逃遁为好。是逃遁，是进攻，还是坚守，这是在行军以前必须明确决定的，在决定了进、退或守以后，才可能选择行军的路线：处山、处水、处斥泽或处平陆。在具体的行军中，才能够观察客方的现象以料敌。现在根据敌我双方的具体情况得到遯卦，按其意思，我方应当撤退。而后，再按行军篇以处军、料敌、合齐兵卒，与众相得。由此可见，在制定军事策略和战术的时候，《易》与《孙子兵法》相辅相成。

【遯尾,厉,勿用有攸往。】

这是遯卦第一爻的爻辞,代表主方的行动。阴,表示主方消极被动。"厉",凶猛,厉害,严格,切实。如厉行节约;严厉。这条爻是阴爻,在阳的位置上,不当位,对主方不利。另一方面,它又与第四爻有应。这条爻辞告诫主方应当迅速撤离,如果退迟了,成了尾巴,形势将很困难,"厉"。部队应当一致行动,不要做其他事情,"勿用有攸往"。孙子说,"故令之以文,齐之以武,是谓必取",在目前情况下,主方应当严格纪律,行动一致。

【执之用黄牛之革,莫之胜说。】

这是遯卦第二爻的爻辞,代表主方的素质。阴,表示主方力量薄弱。从结构图看,这条爻既当位又有应,是对主方的有利因素。主方需要资源以壮大自己,而客方的强大力量有可能转化为主方的资源。这条爻辞是直接对主方的撤退提出建议,建议主方在撤退过程中密切注意客方动向,不要把客方丢了。爻辞中有三个"之"。第一个"之"表示主方是"执"的主体,是主方把客方捆住,再牵着走;而不是客方把主方捆住。第二个"之"是"的"的意思,指"革"是"黄牛"的"革"。第三个"之"指"执之用黄牛之革"这件事。"说"是"脱"的意思。爻辞的意思是把客方用黄牛之革捆住牵着走,使客方逃脱不了。在牵着客方走的时候,主方应当特别注意客方的动向,避免自己受到打击。行军篇中的33个料敌具体指明要密切注意的动向:"敌近而静者,恃其险也;远而挑战者,欲人之进也;其所居易者,利也;众树动者,来也;众草多障者,疑也;鸟起者,伏也;兽骇者,覆也;尘高而锐者,车来也;卑而广者,徒来也;……"

【系遯,有疾厉;畜臣妾,吉。】

"畜",养禽兽,畜产,畜牧事业。"臣",君主时代官吏的通称,有时又指平民百姓。"妾"(qiè),旧社会男子除正妻之外又娶的女子。这是遯卦第三爻的爻辞,代表主方的态度,阳,表示主方态度强硬。这条爻是阳爻在阳位,当位,是对主方有利的因素;另一方面,它与第六爻是阳对阳,无应,是不利因素。爻辞建议主方,在撤退的时候,要维持与人民的联系,"系遯"。要妥善处理各种事项,避免错误,"有疾厉"。爻辞一再强调要保持与人民的良好关系,"畜臣妾"。保持与平民百姓的良好关系对主方有利,"吉"。为了维护与平民百姓的良好关系,主方一定要严明军纪。孙子说,"令素行以教其民,则民服;令不素行以教其民,则民不服。令素行者,与众相得也。"

【好遯，君子吉，小人否。】

这是遯卦第四爻的爻辞。第四爻代表客方的行动，阳爻，表示客方的行动是积极进攻。按阳、阴、阳、阴、阳、阴的顺序，第四爻的位置是阴位，阳爻占阴位，不当位，是对主方的不利因素；另一方面，第四爻与第一爻是阴阳相应，是对主方的有利因素。既有有利因素，又有不利因素，就看主方如何妥善处理。面对客方的强力进攻，主方主动撤退，避开客方的锋芒，爻辞说这是"好遯"。尽管是"好遯"，如何将自己的损失降到最低，使客方的损失达到最大，取决于策略，取决于制定策略的人。"君子"指英明、勇敢的人，"小人"指愚昧、怯弱的人。形势有利于英明、勇敢的人，"君子吉"，而不利于愚昧、怯弱的人，"小人否"。孙子说："兵非贵益多也，惟无武进，足以并力料敌取人而已。夫惟无虑而易敌者，必擒于人。"

【嘉遯，贞吉。】

这是遯卦第五爻的爻辞。这条爻代表客方的素质，阳爻，表示客方实力雄厚。这条爻既当位又有应，是对主方的有利因素。按常理，在敌我力量相差悬殊，敌人步步紧逼的情况下，形势对我方很危险，我方的处境很困难，但是，第五爻既当位又有应，表示敌方的强大却是一个有利因素，为什么呢？因为，卦是普遍性的，显示普遍规律。客方是阳，阳代表天的特性，天发热放光，天是给予。主方是阴，阴代表地的特性，地受惠于天的光和热，地是受惠。这当位而有应的关系表示主方受惠于客方。在敌我关系中，主方的困难是表面的、暂时的，如果处理恰当，客方的实力有可能转化为主方的资源，坏事变好事，爻辞也是从积极的方面给主方以参谋。"嘉"，赞美，嘉许，精神可嘉。"嘉遯"，值得嘉奖的撤退。坚持下去吉利，"贞吉"。孙子说："凡地有绝涧、天井、天牢、天罗、天陷、天隙，必亟去之，勿近也。吾远之，敌近之；吾迎之，敌背之。"我方撤退，创造有利于我方而不利于敌方的条件。

【肥遯，无不利。】

这是遯卦第六爻的爻辞。第六爻代表客方的态度，阳爻，表示客方态度强硬。这条爻既不当位又无应，是对主方的不利因素。由于客方态度强硬，主方在撤退的时候，应当尽量把所需要的东西都带走，"肥遯"。主方"肥遯"，避免了损失，把不利的形势留在后面，开辟新的有利的形势，爻辞说，"无不利"。孙子说："凡军好高而恶下，贵阳而贱阴，养生而处实，军无百疾，是谓必胜。"主方适时地"遯"，甩开客方的压迫，开创"养生而处实，军无百疾"的好局面，

"是谓必胜"。

平安旅行社的总裁

卡尔森整顿的第一个公司是平安旅行社，当时他年方 32 岁，他在 1974 年 6 月出任总裁，属下有 14000 名员工，正值石油危机，机票价格节节上升，旅客不再利用包租方式来从事旅游活动，结果平安旅行社业绩下滑，处于亏损状态。

平安旅行社的经营受到石油危机的严重影响，就像是面对极强大的敌人，对于平安旅行社来说，像是威力巨大、难以抗拒的天，以 7 卦乾卦代表。平安旅行社业绩下滑，处于垂危状态，以 1 卦艮卦代表。从平安旅行社的角度看，当时的形是 1∶7 卦遁卦。

由上面对遁卦的说明可知，卦名遁，意味逃遁。处在这种不景气的情况下，企业应当避免风险。

【亨，小利贞。】

这是遁卦的卦辞，概括地分析平安旅行社面对的形势。尽管形势严峻，有明智的管理和良好的团队，仍然顺利；照原样坚持不移，则益处不大。

【遁尾，厉，勿用有攸往。】

这是第一爻的爻辞。这条爻辞告诫卡尔森应当迅速调整经营策略，如果推迟了，成了尾巴，形势将很困难，"厉"。不要开发其他项目，"勿用有攸往"。孙子说，"故令之以文，齐之以武，是谓必取"，在目前情况下，应当重新调整经营方式，能够服务得更好。

【执之用黄牛之革，莫之胜说。】

第二爻的爻辞。爻辞的意思是紧密保持与顾客的联系，注意市场动向。

【系遁，有疾厉；畜臣妾，吉。】

第三爻的爻辞。在调整经营方式的时候，要维持与顾客的联系，"系遁"。要妥善处理各种事项，避免错误，"有疾厉"。要保持公司职工队伍，当时，公司有 14000 名员工，"畜臣妾"，吉。

【好遁，君子吉，小人否。】

第四爻的爻辞。当时平安旅行社一共有 21 万名顾客。其中有 4 万名顾客的旅游计划，对公司而言并不赚钱，卡尔森决定放弃这 4 万名顾客的生意，全力服务那 17 万名顾客。这样做虽然使收入降低不少，但公司可以重新调整组织结构，使它更富弹性，能够服务得更好，这是"好遯"。尽管是"好遯"，如何决策，取决于制定策略的人。"君子"指英明决策的人，"小人"指愚昧、怯弱的人。形势有利于英明、果敢的人，"君子吉"，而不利于愚昧、怯弱的人，"小人否"。

【嘉遯，贞吉。】

第五爻的爻辞。"嘉遯"，值得嘉奖的经营方式调整。坚持下去吉利。

【肥遯，无不利。】

第六爻的爻辞。公司以更灵活的组织承揽到客户，这样一来，公司终于脱困，并开始出现盈余。卡尔森在担任平安旅行社总裁的头一年，公司就获得了有史以来最高的利润。

第十章　地形篇

孙子曰：地形有通者、有挂者、有支者、有隘者、有险者、有远者。我可以往，彼可以来，曰通。通形者，先居高阳，利粮道，以战则利。可以往，难以返，曰挂。挂形者，敌无备，出而胜之，敌若有备，出而不胜，难以返，不利。我出而不利，彼出而不利，曰支。支形者，敌虽利我，我无出也，引而去之，令敌半出而击之，利。隘形者，我先居之，必盈之以待敌；若敌先居之，盈而勿从，不盈而从之。险形者，我先居之，必居高阳以待敌；若敌先居之，引而去之，勿从也。远形者，势均，难以挑战，战而不利。凡此六者，地之道也，将之至任，不可不察也。

凡兵有走者、有弛者、有陷者、有崩者、有乱者、有北者。凡此六者，非天地之灾，将之过也。夫势均，以一击十，曰走；卒强吏弱，曰弛；吏强卒弱，曰陷；大吏怒而不服，遇敌怼而自战，将不知其能，曰崩；将弱不严，教道不明，吏卒无常，陈兵纵横，曰乱；将不能料敌，以少合众，以弱击强，兵无选锋，曰北。凡此六者，败之道也，将之至任，不可不察也。

夫地形者，兵之助也。料敌制胜，计险厄、远近，上将之道也。知此而用战者必胜，不知此而用战者必败。故战道必胜，主曰无战，必战可也；战道不胜，主曰必战，无战可也。故进不求名，退不避罪，唯人是保，而利合于主，国之宝也。

视卒如婴儿，故可以与之赴深溪；视卒如爱子，故可与之俱死。厚而不能使，爱而不能令，乱而不能治，譬若骄子，不可用也。

知吾卒之可以击，而不知敌之不可击，胜之半也；知敌之可击，而不知吾卒之不可以击，胜之半也；知敌之可击，知吾卒之可以击，而不知地形之不可以战，胜之半也。故知兵者，动而不迷，举而不穷。故曰：知彼知己，胜乃不殆；知天知地，胜乃不穷。

八　卦

地形与八卦

孙子把地形分成六类："地形有通者、有挂者、有支者、有隘者、有险者、有远者。"这六种地形中有一个共同因素：对于"我往"的难易程度。地形是客观存在，不管我往不往，都在那里。由于我往，各种"地形"就显示出不同的性质，显示出我往所遭遇的困难的程度。

通形，我可以往，彼可以来。这是最容易往的地形，可以用八卦中的坤卦代表。坤卦的卦象是地，地是相对静止而顺从，适应于万物生长繁殖，因而不形成我往所遭遇的困难。坤卦的阳数是0。阳数0表示通形地形不给我往造成困难，也就是说，用阳数表示，我往遇到通形地形时，遇到的困难的程度是0。

"隘形者，我先居之，必盈之以待敌。若敌先居之，盈而勿从，不盈而从之。"就是说，条件允许，我可以先居；即使"若敌先居之"，如果"不盈"，仍然可以"而从之"。按照这个特点，我往遇到隘形地形的时候，虽然可能遇到困难，但是困难不是很大。按照这种情况，可以用艮卦表示隘形地形，艮卦的阳数是1，它比坤卦的阳数大，然而，仍然很小。

"险形者，我先居之，必居高阳以待敌；若敌先居之，引而去之，勿从也。"险形的情况与隘形相似，不过，"若敌先居之"，不管"盈"或不"盈"，都得"勿从也"。险形地形可以用坎卦表示。坎卦的阳数是2，它比艮卦的阳数大，表示我往遇到险形地形时可能遇到的困难比遇到隘形地形的时候大。

"挂形者，敌无备，出而胜之，敌若有备，出而不胜，难以返，不利。"在"敌若有备"的情况下，"出而不胜，难以返，不利"，这里强调出"不利"，而前面三种地形中都没有提到"不利"，这显示出我往遇到挂形地形的时候，遇到的困难可能比遇到险形地形时的困难大得多。因此跳过巽卦，而用震卦表示挂形地形，震卦的阳数是4，比坎卦的阳数大2。

支形，"我出而不利，彼出而不利，曰支"。支形者，敌虽利我，我无出也，引而去之，令敌半出而击之利。这表示出我往遇到支形地形时的不利因素更多，因此，可以用离卦表示支形地形。离卦的阳数是5，比震卦的阳数大1。

"远形者，势均难以挑战，战而不利。"也就是说，我不可以进。我遇到远形地形时遇到的困难最大，这种地形可以用乾卦表示。乾卦的阳数是7，是八卦中阳数最大的卦。

将六种地形对照八卦图，如右图。

八卦的卦都有自己的卦象和特性，坤有地象，温顺，我可以进。艮有山象，如隘。坎有水象，象征危险。震有雷象，发而不回。离有火象，灼热难近。乾有天象，远不可及。上面将六种地形对应于八卦中的坤、艮、坎、震、

离和乾六个卦，这种对应关系完全与这六个卦的关系和特性符合。这种对应关系表明八卦是普遍性的分类方法，孙子说的六种地形是特殊的分类方法，特殊性的分类方法与普遍性的分类对应。特殊性的分类是八卦这个普遍性的分类在具体情况下的体现。孙子在当时不一定想到八卦，但是他的地形的分类自然而然地与八卦相符。反过来说，八卦是客观世界的反映，我们应当完全抛弃过去算命等封建落后文化加在八卦上面的神秘色彩。

将之过与八卦

孙子说："凡兵有走者、有弛者、有陷者、有崩者、有乱者、有北者。凡此六者，非天地之灾，将之过也。"这六种"将之过"也反映了八卦分类方法。八卦分类有四种方法：与卦象对比，看在螺旋型运动发展过程中的状态，鉴别组成因素的性质，以及比较共同性质的差异程度。上面在讨论地形与八卦的时候用了比较共同性质的差异程度的方法，按照以往遇到各种地形的时候可能遇到的困难的程度，找出六种地形与八卦的对应关系。现在用鉴别组成因素性质的方法讨论将之过与八卦。

"卒强吏弱，曰弛；吏强卒弱，曰陷。""弛"和"陷"中包括"吏"和"卒"两个因素，这两个因素可以对应于经卦的三条爻。经卦的三条爻中，下爻对应于二进制数的高位，是最重要的因素。与"卒"相比，"吏"是重要因素，可以用下爻代表"吏"，其他两个爻代表"卒"。"弛"是"卒强吏弱"，相当于经卦的三条爻是阴阳阳，这是 3 卦，巽卦。"陷"是"吏强卒弱"，相应的经卦的爻是阳阴阴，这是 4 卦，震卦。

"将弱不严，教道不明，吏卒无常，陈兵纵横，曰乱。""乱"，将弱。将相应于经卦的下爻，下爻是阴，表示将弱。中爻与上爻表示卒，卒不遵守纪律，布阵杂乱，这是"将弱不严，教道不明"的结果，卒并不弱，而是没有"合之以文，齐之以武"，由此，经卦的中爻应当是阳，上爻是阴。经卦的三条爻是阴阳阴，这是 2 卦，坎卦。

"将不能料敌，以少合众，以弱击强，兵无选锋，曰北。""北"，将不能料敌，经卦的下爻阴；以少合众，以弱击强，说明卒弱，经卦的中爻和上爻都是阴。经卦的三条爻是阴阴阴，这是 0 卦，坤卦。

"大吏怒而不服，遇敌怼而自战，将不知其能，曰崩。""崩"，大吏怒而不服，遇敌怼而自战，将不知其能。其表现像火，火是离卦的卦象，这是 5 卦，离卦。

"夫势均，以一击十，曰走。"用兵不当，将弱，经卦的下爻为阴。"以一击十"，卒少，但不是很少，经卦的中爻和上爻是阴和阳。经卦的三条爻是阴阴阳，这是 1 卦，艮卦。

由此，将之过与八卦对照如下。

上面，用经卦的下爻代表吏或将，用中爻和上爻代表卒。这样，走、弛、陷、崩、乱和北，这六种将之过对应了艮、巽、震、离、坎和坤六个卦。这里也表明了八卦是一种普遍性的分类方法，可以结合具体情况，对应具体的分类。也就是说，八卦代表一个系统。前面，八卦代表了地形这个系统，这里，八卦代表了将之过这个系统。一个经卦代表系统中的一个要素，一种地形，或一种将之过。

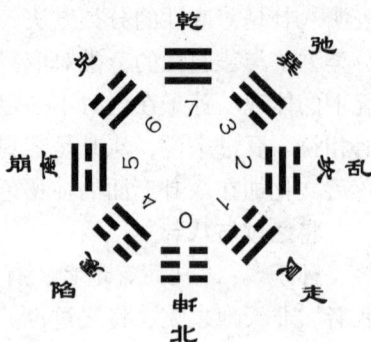

同人卦

孙子说："故知兵者，动而不迷，举而不穷。"这点怎么才能做到？那就要实事求是。前面分析过遯卦，这个卦告诉我们，按敌我力量悬殊情况，我方应当撤退。可是，如果实际情况不允许我方撤退，已经被敌方完全包围了，或者地形不允许撤退，那么，就不能撤退。孙子说："知彼知己，胜乃不殆；知天知地，胜乃不穷。"除了知己知彼以外，还要知天知地。

看遯卦，其第一爻不当位，不当位是个不利因素。第一爻是主卦的下爻，代表主方的行动，阴爻表示主方的行动消极被动。主方可以改变自己的行动，如果改被动成主动，第一爻从阴爻变成阳爻，则代表主客双方关系的别卦从遯卦变成了同人卦，如下图。

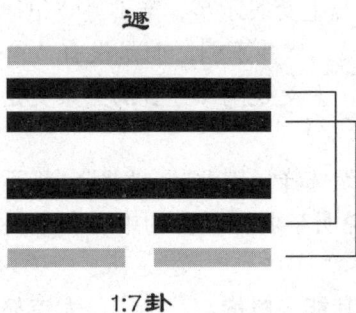

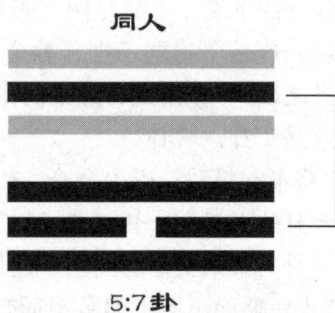

遯　1:7卦　　同人　5:7卦

同人是卦名。"同人"指在同一单位工作的人或同样行业的人。在敌我关系的情况下，"同人"应当如何解释？由于《易》具有哲学的普遍性，对《易》的卦爻辞作解释时，一定要结合具体情况，不能拘泥于一种永恒不变的解释，不能僵硬。在业务关系中，"同人"可以解释成同事；在婚姻关系中可以解释为夫妻；而在敌我关系中，则可以解释为共同战斗的人，或者说，同敌人战斗。这里，在这个特定的军事行动中，"同人"可以解释为同敌人战斗。

同人卦的卦爻辞

5∶7 同人（《周易》第 13 卦）

同人：同人于野，亨，利涉大川，利君子贞。

一阳：同人于门，无咎。

二阴：同人于宗，吝。

三阳：伏戎于莽，升其高陵，三岁不兴。

四阳：乘其墉，弗克攻，吉。

五阳：同人，先号咷，而后笑；大师克相遇。

六阳：同人于郊，无悔。

5∶7 是同人卦的代号。5 表示主卦是 5 卦离卦。7 表示客卦是 7 卦乾卦。同人卦是《周易》中的第 13 卦。一、二、三等是爻的序号，爻是从下往上数，最下面的是第一爻。阴、阳等是爻的性质。

【同人于野，亨，利涉大川，利君子贞。】

这是同人卦的卦辞，概括地说明当前敌我关系的形势。"同人于野"，与敌人战斗在原野上，原野是"我可以往，彼可以来"的"通形"地形，"先居高阳，利粮道，以战则利"，"亨"。"亨"是顺利的意思。"大川"比喻大的行动。同人卦有四个爻当位，是有利的方面，所以，卦辞说，与敌人战斗在原野上顺利，利于采取大的行动。"君子"指"进不求名，退不避罪，唯人是保，而利于主，为国之宝，又视卒如婴儿"，并且知己知彼又知天知地的人。同人卦只有一对爻有应，无应的爻有两对，是不利方面。所以，卦辞说利于君子坚持下去，"利君子贞"。言外之意，不是君子则很难坚持下去。

【同人于门，无咎。】

这是同人卦第一爻的爻辞，代表我方的行动。阳表示我方行动积极。这是条当位的爻，不过，与第四爻无应。既有利又有不利。爻辞说，同敌人战斗在（国）门，无所怪罪。战斗在门口是为了自卫，无所怪罪。

【同人于宗，吝。】

这是同人卦第二爻的爻辞，代表我方的素质。阴，表示我方力量薄弱。这条爻既当位又有应，按说，是一个有利因素，然而，在对第五爻的有应关系中，由于我方力量薄弱，我方是承受者，而敌方力量强大，是施加者。我方要在承受中受益，这必须小心谨慎，爻辞说"吝"。"吝"是"过分爱惜"，"舍不得"，如

"吝啬鬼"。爻辞用"宗"比喻同敌人战斗的环境。"宗"指宗派。在宗派地区和敌人战斗，要特别爱惜自己的战斗力。

【伏戎于莽，升其高陵，三岁不兴。】

这是同人卦第三爻的爻辞，代表我方的态度。阳，表示我方的态度强硬。这条爻当位而无应。当位，说明我方态度强硬是正确的，强硬的态度以维护自己的尊严和独立，以统一全军的步调，有利于战胜敌人。然而，无应，则表示我方的强硬态度和敌方的强硬态度冲突，不利于巧妙地利用敌方的弱点，而在敌强我弱的形势下，缺乏机动灵活的战略，可能失去战机。爻辞中的"莽"指密生的草，草莽。"伏戎于莽"，把部队埋伏在密生的草丛中，又"升其高陵"，和敌方争夺高地。这两句形容艰苦复杂地和敌人战斗，由于缺乏机动灵活的战略，战斗不成功，并且，敌强我弱的形势更增加我方遭受损失的危险，其结果，很可能"三岁不兴"。

【乘其墉，弗克攻，吉。】

这是同人卦第四爻的爻辞，代表敌方的行动。阳，表示敌方在积极主动地进攻我方。这条爻是阳爻在阴位，不当位，说明敌方主动地进攻我方，使我方受到压力和损失，对我方不利。而且，这条阳爻与第一爻冲突，无应，也是不利因素。然而，尽管爻的不当位又无应是对我方的不利因素，爻辞中却有个"吉"字。这个吉是有条件的。"乘其墉"中的墉（yōng）指城墙或高墙。"弗克攻"指不攻克。既登上城墙而又不攻克，是吉的条件，如果这样，就吉利，就对我方有利。实际上，敌强我弱，登上城墙，消灭敌人的有生力量，而同时，考虑到我方力量薄弱，很难占领城墙，所以，攻而不占，对我方有利，爻辞说，"吉"。如果不这样做，攻上城墙，而后，坚守住城墙，可能遭致我方损失，不吉利。

【同人，先号咷，而后笑；大师克相遇。】

这是同人卦第五爻的爻辞。第五爻代表敌方的素质，阳爻，表示敌方的实力雄厚。这条爻既当位又有应，是对我方的有利因素。不过，这种有利因素是在敌强我弱的形势下存在的，敌方施与，我方承受，只有通过艰苦的斗争，有利才能成为现实，所以，爻辞说，"同人，先号咷，而后笑"。同敌人战斗，起先是痛苦的，痛苦得号咷而哭，然后，形势好转，高兴得发笑。经过艰苦的斗争，克服了力量强大的敌方部队，我方的战士顺利会师，"大师克相遇"。这里，观察上下文的情况，考虑当前的敌我关系，而且，"大师克相遇"中有一个"克"字，并不是"大师相遇"，所以，把这五个字分成两句，先是"大师克"，由于第五爻代表强大的敌方力量，"大师"指敌方，"大师克"是说把强大的敌方克服了。然后，才是"相遇"，才是我方部队会师。在其他情况下，这五个字可以作不同的解释。这也就是说，《易》具有哲学的普遍性，运用的时候，要结合具体情况，具体情况具体解释，没有固定的标准解释。

【同人于郊，无悔。】

这是同人卦第六爻的爻辞，代表敌方的态度，阳，表示敌方的态度强硬。第六爻的位置是阴位，阳爻在阴位，不当位；而且，与第三爻的阳爻冲突，无应。既不当位又无应，是对主方的不利因素。然而，爻辞中没有不利的话，只有个"无悔"。不过，这里有个"郊"，"郊"指城外，郊区，郊游，西郊。同敌人战斗在郊区，后面有城市依靠，是行军篇中所说的"前死后生"，在这种情况下，才"无悔"。面对态度强硬而力量强大的敌人，选择有利的战场，才能避免不利因素，而做到"无悔"。否则，对我方不利。

联想收购 IBM

2004 年 12 月 8 日，联想集团在北京与美国 IBM 公司正式签约，联想以总计12.5 亿美元收购 IBM 全球的台式、笔记本电脑及其研发、采购业务。收购以后，面临的市场竞争形势十分严峻，孙子说："远形者，势均难以挑战，战而不利。"联想面对的形势相当于孙子说的"远形"，可以用 7 卦乾卦代表。孙子说："大吏怒而不服，遇敌怼而自战，将不知其能，曰崩"，联想的收购行为，有些像孙子说的"崩"，或者，可以说，联想的行动像闪闪发光的火焰，照亮四方，而内心黯淡，可以用 5 卦离卦表示。从联想的角度，可以用 5∶7 卦同人卦代表当时形势。

同人是卦名。"同人"，共同参与市场竞争的人。

【同人于野，亨，利涉大川，利君子贞。】

这是同人卦的卦辞，概括地说明当前市场的形势。"同人于野"，与对方竞争在美国市场、中国市场和全世界市场上。IBM 计算机是优秀品牌，有很完善的研发、生产和销售机构，"亨"。"利涉大川"比喻大的行动，同人卦有四个爻当位，是有利的方面，所以，卦辞说，利于采取大的行动。"君子"指"进不求名，退不避罪，唯人是保，而利于主，为国之宝，又视卒如婴儿"，并且知己知彼又知天知地的人。同人卦只有一对爻有应，无应的爻有两对，是不利方面。所以，卦辞说利于君子坚持下去，"利君子贞"。言外之意，不是君子而坚持下去不一定有利。

【同人于门，无咎。】

这是同人卦第一爻的爻辞，代表联想的行动。阳表示联想行动积极。这是条当位的爻，不过，与第四爻无应，既有利又有不利。爻辞说，同对手竞争在（国）门，无所怪罪。在国内市场竞争，维护国家和人民利益，无所怪罪。

【同人于宗，吝。】

这是同人卦第二爻的爻辞，代表联想的素质。阴，表示联想力量薄弱。这条爻既当位又有应，按说，是一个有利因素，然而，在对第五爻的有应关系中，由于联想力量薄弱，联想是承受者，而对方力量强大，是施加者。联想要在承受中受益，这必须小心谨慎，爻辞说"吝"。爻辞用"宗"比喻同对手竞争的环境。"宗"指宗派。美国市场和西方市场是"宗派"地区，在这些地区竞争，要尽力维持 IBM 品牌。

【伏戎于莽，升其高陵，三岁不兴。】

这是同人卦第三爻的爻辞，代表联想的态度。阳，表示联想的态度强硬。这条爻当位而无应。当位，说明联想态度强硬是正确的，强硬的态度以维护自己的尊严和独立，以统一全公司的步调，有利于战胜竞争对手。然而，无应，则表示联想的强硬态度和对方的强硬态度冲突，不利于巧妙地利用对方的弱点，而在敌强我弱的形势下，缺乏机动灵活的战略，可能失去战机。爻辞中的"莽"指密生的草，草莽。"伏戎于莽"，产品没有创新，没有吸引顾客的地方，又"升其高陵"，以成为世界第三大个人电脑业务而高傲自居，结果竞争不利，"三岁不兴"。

【乘其墉，弗克攻，吉。】

这是同人卦第四爻的爻辞，代表对方的行动。阳，表示对方在积极主动地进攻联想的市场。这条爻是阳爻在阴位，不当位，说明对方主动地进攻联想，使联想受到压力和损失，对联想不利。而且，这条阳爻与第一爻冲突，无应，也是不利因素。然而，尽管这爻是不利因素，爻辞中却有个"吉"字。这个吉是有条件的。"乘其墉"中的墉指城墙或高墙，联想收购了 IBM，登上了高墙。"弗克攻"指不攻克，不守于原地。登上城墙而又不攻克，接收了 IBM 品牌，而不停留在原处，才吉利；反之，没有创新，就不吉利。

【同人，先号咷，而后笑；大师克相遇。】

这是同人卦第五爻的爻辞。第五爻代表对方的素质，阳爻，表示对方的实力雄厚。这条爻既当位又有应，是对联想的有利因素。不过，这种有利因素是在敌强我弱的形势下存在的，对方施与，联想承受，联想在竞争中学习对方的技术和管理经验而战胜对方。"大师克相遇"中有一个"克"字，并不是"大师相遇"。这指联想的经营管理方面的人员和研发生产方面的人员的协同作战。有这两方的共同努力，才能"先号咷，而后笑"，而有"大师克相遇"。

【同人于郊，无悔。】

这是同人卦第六爻的爻辞，代表对方的态度，阳，表示对方的态度强硬。第六爻的位置是阴位，阳爻在阴位，不当位；而且，与第三爻的阳爻冲突，无应。既不当位又无应，是对联想的不利因素。然而，爻辞中没有不利的话，只有个"无悔"。联想面对态度强硬而力量强大的对方，依靠祖国人力物力的支援，才能避免不利因素，而做到"无悔"。否则，仅仅凭联想自己的力量，则难于成功，而留下悔恨。

第十一章　九地篇

孙子曰：用兵之法，有散地，有轻地，有争地，有交地，有衢地，有重地，有泛地，有围地，有死地。诸侯自战其地者，为散地；入人之地不深者，为轻地；我得则利，彼得亦利者，为争地；我可以往，彼可以来者，为交地；诸侯之地三属，先至而得天下众者，为衢地；入人之地深，背城邑多者，为重地；行山林、险阻、沮泽，凡难行之道者，为泛地；所由入者隘，所从归者迂，彼寡可以击吾之众者，为围地；疾战则存，不疾战则亡者，为死地。是故散地则无战，轻地则无止，争地则无攻，交地则无绝，衢地则合交，重地则掠，泛地则行，围地则谋，死地则战。

所谓古之善用兵者，能使敌人前后不相及，众寡不相恃，贵贱不相救，上下不相收，卒离而不集，兵合而不齐。合于利而动，不合于利而止。敢问敌众整而将来，待之若何曰：先夺其所爱，则听矣。兵之情主速，乘人之不及。由不虞之道，攻其所不戒也。

凡为客之道，深入则专。主人不克，掠于饶野，三军足食。谨养而勿劳，并气积力，运兵计谋，为不可测。投之无所往，死且不北。死焉不得，士人尽力。兵士甚陷则不惧，无所往则固，深入则拘，不得已则斗。是故其兵不修而戒，不求而得，不约而亲，不令而信，禁祥去疑，至死无所之。吾士无余财，非恶货也；无余命，非恶寿也。令发之日，士卒坐者涕沾襟，偃卧者涕交颐，投之无所往，诸、刿之勇也。故善用兵者，譬如率然。率然者，常山之蛇也。击其首则尾至，击其尾则首至，击其中则首尾俱至。敢问兵可使如率然乎？曰："可。"夫吴人与越人相恶也，当其同舟而济遇风，其相救也如左右手。是故方马埋轮，未足恃也；齐勇若一，政之道也；刚柔皆得，地之理也。故善用兵者，携手若使一人，不得已也。

将军之事，静以幽，正以治，能愚士卒之耳目，使之无知；易其事，革其谋，使人无识；易其居，迂其途，使人不得虑。帅与之期，如登高而去其梯；帅与之深入诸侯之地，而发其机。焚舟破釜，若驱群羊，驱而往，驱而来，莫知所之。聚三军之众，投之于险，此谓将军之事也。九地之变，屈伸之利，人情之理，不可不察。

凡为客之道，深则专，浅则散。去国越境而师者，绝地也；四达者，衢地也；入深者，重地也；入浅者，轻地也；背固前隘者，围地也；无所往者，死地也。是故散地，吾将一其志，轻地，吾将使之属，争地，吾将趋其后，交地，吾将谨其守，衢地，吾将固其结，重地，吾将继其食，泛地，吾将进其途，围地，吾将塞其阙，死地，吾将示之以不活。故兵之情：围则御，不得已则斗，过则从。是故不知诸侯之谋者，不能预交；不知山林、险阻、沮泽之形者，不能行军；不用乡导者，不能得地利。四五者不知一，非霸王之兵也。夫霸王之兵，伐大国，则其众不得聚；威加于敌，则其交不得合。是故不争天下之交，不养天下之权，信己之私，威加于敌，则其城可拔，其国可隳。

施无法之赏，悬无政之令。犯三军之众，若使一人。犯之以事，勿先以言；犯之以利，勿告以害。投之亡地然后存，陷之死地然后生。夫众陷于害，然后能为胜败。

故为兵之事，在顺详敌之意，并敌一向，千里杀将，此谓巧能成事者也。是故政举之日，夷关折符，无通其使，厉于廊庙之上，以诛其事。敌人开阖，必亟入之，先其所爱，微与之期，践墨随敌，以决战事。是故始如处女，敌人开户；后如脱兔，敌不及拒。

八　卦

九地之变，是孙子就其丰富的作战经验总结归纳出的九个类别，这是针对具体的特定的事物而作的分类，每一类的地和变都很具体。而八卦是适合于世界万物的分类，正像哲学其他概念具有普遍性和抽象性一样，八卦分类也具有普遍性和抽象性。普遍性中应当包含具体性，普遍性抽象性的分类中，应当包含个别的具体的分类，也就是说，八卦应当包含九地之变。

孙子在阐述九地之变的时候从实战出发，当时他不一定考虑八卦。那么，这九地之变能不能符合八卦排列呢？能。下面是对应八卦的九地之变图。

先考虑死地。由于地是相对静止的，地接受天发出的热和光，地本身不发热和光，而 0 卦坤的卦象是地，所以"死地"可以用 0 卦坤表示。对应于死地的应对之法是"则战"，是"示之以不活"，此策略反映了以乾卦对付坤卦。乾卦为主，坤卦为客，这是泰卦。

与死地对应的是散地。散地是本国，是兵的家，是"厉于廊庙之上"的廊庙所在之地，具有天的特性。天是运动的，天是能量之原，乾卦的卦象是天，所以，散地对应 7 卦乾卦。散地则无战，无战是和平，是坤卦。主卦是坤卦，客卦是乾卦，这是否卦。

再说重地。"入人之地深，背城邑多者，为重地"，深到什么程度？深总有个限度，深到一定的限度就受阻，所以，重地有山的特性。山是艮卦的卦象，所以，重地对应 1 卦艮卦。重地则掠，兵如进入富饶的河泽，得鱼获米，泽是 6 卦兑的卦象。我为兑卦，客为艮卦，这是损卦。

与重地对应的是轻地，与艮卦对应的是兑卦。入人之地不深者，为轻地。轻地有财富，无艰险，可以用兑卦的卦象泽表示。代表轻地的是 6 卦兑卦。轻地使之属，占领轻地，有山之象，山是艮卦的卦象。主为艮卦，客为兑卦，这是咸卦。

再看围地。所由入者隘，所从归者迂，彼寡可以击吾之众者，为围地。入围地，陷于困境，如水受河堤限制，受湖岸包围，受瓶子封存。围地对应于坎卦，坎卦的卦象是水，特性是困难和危险。围地则谋，谋需要智慧，智慧如黑暗中的火光，火是离卦的卦象。主为离卦，客为坎卦，这是既济卦。

在八卦图上，与围地对应的是衢地，与坎卦对应的是离卦。诸侯之地三属，先至而得天下众者，为衢地；衢地三属，如火光四射，离卦的卦象火可以象征衢地。火的外表光亮，中心黯淡而温低，火依赖氧气和可燃材料而燃烧，这反映对相邻区域的依赖。"四彻者，固其结"，如导水以堤，容水以瓶，这是坎卦的卦象水。主为坎卦，客为离卦，这是未济卦。

再看泛地。山林、险阻、沮泽，凡难行之道者，为泛地。"不知山林、险阻、沮泽之形者，不能行军"，泛地惊险，有惊雷之感，可以用震卦代表，震卦的卦象是雷，特性是震动。泛地则行，泛地吾将进其途，行，进如风，风是巽卦的卦象。主为巽卦，客为震卦，这是恒卦。

争地与交地。争地，我得亦利，彼得亦利者，为争地。这种地形有利于我得，也有利于彼得，就像是风，一会儿向东，一会儿向西，是一种对我和对彼双向灵活的地形。与此相似，交地，我可以往，彼可以来，有利于我往，也有利于彼来，也表现出风的特性。风是巽卦的卦象，争地和交地都可以用巽卦代表。争地趋其后，交地谨其守，趋其后或谨其守，我都得迅速采取行动，行动如迅雷。

雷是震卦的卦象。主为震卦，客为巽卦，这是别卦益卦。

泰、否、既济、未济、损、咸、恒、益都是六个爻全部有应的卦，九地之变就是随同地形的变化，按其对应的经卦，按阴阳相应的原则，灵活地变换策略。世界上的事物自然地趋向阴阳和谐，阴阳相应关系是和谐关系，和谐是世界万物变化的驱动力，从古到今，人们都自觉不自觉地按阴阳和谐的原则制定策略。孙子兵法中的九地之变也是阴阳和谐的战略应用。

从对照九地之变的八卦图可以看出，上面的三个经卦，乾、兑和巽都有个"无"，则无战，则无止，则无攻，则无绝，而下面的五个经卦则没有"无"。如果累计卦的阳数，八个卦的总的阳数是28，上面的三个经卦的总的阳数是16，占了全部阳数一半以上，"无"与"不无"粗略地平衡。

图的右边用箭头表示出由"轻"到"深"的变化，孙子说，"深入则专"，"施无法之赏，悬无政之令。犯三军之众，若使一人。犯之以事，勿先以言；犯之以利，勿告以害。投之亡地然后存，陷之死地然后生。夫众陷于害，然后能为胜败"，部分地表达了孙子用兵的思想。学习孙子的这部分思想需要结合具体情况，做到"知己知彼"和"知天知地"，不能孤立地用"深入则专"的原则，历史上孤军深入而溃败的例子不少，日军侵华也深入了，但陷入我国人民战争的汪洋大海之中，最后以失败告终。

家人卦

孙子说："夫霸王之兵，伐大国，则其众不得聚；威加于敌，则其交不得合。是故不争天下之交，不养天下之权，信己之私，威加于敌，则其城可拔，其国可隳。"结合孙子的这段话，看一下家人卦。

在地形篇中分析过同人卦。主方是离卦，客方是乾卦。同人卦的卦辞说："同人于野，亨，利涉大川，利君子贞。"贞是坚持的意思。如果主方坚持下去，情况会如何？

客方的状态不可能永远是乾卦，随着时间的消失，即使客方努力维持乾卦的状态，但难于避免从乾卦到巽卦的自然变化，进攻者不可能永远进攻，随后，必然会由进攻变为防守，当今美国在伊拉克就已经进入防守和撤退的状态。

如果客方转入防守，其行动由主动转成被动，客卦就从乾卦变成巽卦，主客形势就成了家人卦，如图。

上图中，左边的八卦代表主方可能有的八种状态，右边代表客方可能有的八种状态，主方的离卦和客方的乾卦相遇时形成同人卦。如果主方维持状态不变，而客方则经受从乾卦到巽卦的自然变化，于是主方的离卦与客方的巽卦相遇，形成家人卦。

客卦从乾卦转移到巽卦经历了一个量变到质变的过程，乾卦的阳数是7，巽卦的阳数是3，阳数突然降低3，产生了质的变化，这是一个量变到质变的关键点。但是这种变化是深层的，本质的，而在表面上很不显著，乾卦和巽卦的上爻和中爻都是阳爻，仍然显示出力量很强大，而本质上已经从生长转化为衰老。客卦转移到巽卦以后，主客形势产生了根本变化，家人卦代表这种新的形势。

家人卦的卦爻辞

5：3 家人（《周易》第37卦）

家人：利女贞。

一阳：闲有家，悔亡。

二阴：无攸遂，在中馈，贞吉。

三阳：家人嗃嗃，悔厉，吉；妇子嘻嘻，终吝。

四阴：富家，大吉。

五阳：王假有家，勿恤，吉。

六阳：有孚威如，终吉。

5：3 是家人卦的代号，表示其主卦是5卦离卦，客卦是3卦巽卦，主卦和客卦的阳数之比是5：3。家人卦在《周易》中的编号是37。家人是5：3卦的卦名，按字面解释是家里的人。家里的什么人？这么解释意思不明确。如果结合卦的组成来看，就可以看出家人指家长。主卦是离卦，光亮而依赖，如家长操劳家务而依赖全家人员的配合；客卦是巽卦，有力而顺从，如家庭成员顺从家长。按《易》的普遍性和抽象性，家人是一个普遍性抽象性的比喻，在军事环境中，家人指孙子说的"夫霸王之兵"中的"霸王"，表明主方想获得霸权。

【利女贞。】

这是家人卦的卦辞，概括地说明当前主客关系的形势。按家人卦的结构，形势对主方很有利，六个爻有五个当位，只有第六爻不当位，三对爻中两对有应，只有一对上爻无应。见下图。

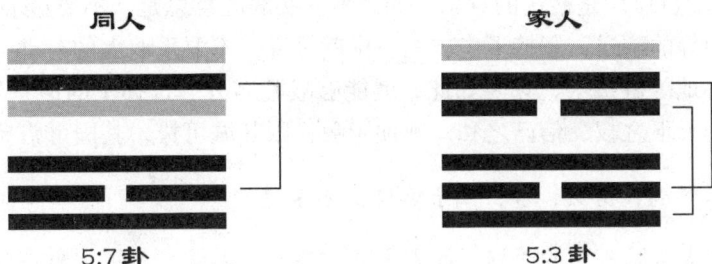

同人　　　　　　　　　　　　家人

5:7卦　　　　　　　　　　　　5:3卦

上图对比了同人卦与家人卦的结构，左边是同人卦，右边是家人卦，家人卦比同人卦多一个当位和一个有应的关系，家人卦的形势对主方比较有利。

然而，这种有利形势是在敌强我弱的情况下出现的，有利只是一种可能性，而不是必然性，只有主方恰当地处理主客关系，这种可能性才能变成现实，所以，卦辞中没有"吉"，而只有"贞"，并且，必须是"女贞"才有利。"贞"，是坚持的意思，如坚贞不屈。卦辞强调"女贞"，这不是说只有妇女才能用这个卦，才能坚持，而是用"女"作个形象说明，表示婉转、冷静、耐心、细致地处理主客关系。孙子说，"始如处女"，"不争天下之交，不养天下之权，信己之私"，这就是"女贞"。做到了这点，然后，就能"敌人开户；后如脱兔，敌不及拒"，就能"威加于敌，则其城可拔，其国可隳"。所以，卦辞说"利女贞"。

【闲有家，悔亡。】

这是家人卦第一爻的爻辞，代表主方的行动，阳表示主方的行动是积极主动。这条爻是阳爻在阳位，当位，而且，与第四爻阴爻有应，既当位又有应，是一个对主方有利的因素，表示积极主动的行动对主方有利。"闲"的意思是没有事情做，休闲。作战是阳，休闲是阴，战与闲是行动的阴阳两个方面，闲有家，在家中得到休闲，出去作战就会有更多精力，作战就能更勇敢。自己的国家是这里说的家，自己的国家是散地，孙子说，"散地吾将一其志"，一其志，就能行动"如率然"。"率然者，常山之蛇也。击其首则尾至，击其尾则首至，击其中则首尾俱至"。因为"闲有家"，在艰苦的战斗中，就没有悔恨，所以，爻辞说"闲有家，悔亡"。

【无攸遂，在中馈，贞吉。】

这是家人卦第二爻的爻辞，代表主方的素质。阴爻表示主方力量薄弱。这条爻既当位又有应，是对主方有利的因素。然而，由于主方力量薄弱，必须采取灵活的策略才能从客方强大的实力中得到益处。"遂"是成功，实现的意思，如，未遂。"馈"（kuì）是赠送的意思，如馈赠。爻辞的意思是，不要追求什么成就，成就在于中等的赠送，坚持下去吉利。也就是说，不要采取大的行动，只做一般的事，耐心地等待机会，只要如此，就能够战胜客方。按孙子的话："不争天下之交，不养天下之权，信己之私，威加于敌，则其城可拔，其国可隳。"

【家人嗃嗃，悔厉，吉；妇子嘻嘻，终吝。】

这是家人卦第三爻的爻辞，代表主方的态度。阳爻，表示主方态度强硬。这条爻当位，然而无应，是一个既有利又不利的因素。"嗃"（hè），嗃嗃，严厉的样子。"嘻"，嬉笑的样子，如笑嘻嘻。在这军事环境下，家人是我方的形象比喻，妇子是客方的形象比喻。我方态度强硬，显出严厉的样子，如果认识到这种严厉的态度是危险的，悔恨这种表现，则吉利，也就是说，"家人嗃嗃，悔厉，吉"。如果表现如此，客方会狡猾地躲开我方的攻击，"妇子嘻嘻"，而最终，我方很难办，"终吝"。孙子说，"兵之情主速，乘人之不及。由不虞之道，攻其所不戒也"，如果主方嗃嗃地显出严厉的样子，则客方有所戒，不可攻。

家人卦的第一、二、三爻代表主方的行动、素质和态度。第四、五、六爻代表客方的行动、素质和态度。全部卦爻辞，包括第四、五、六爻的爻辞，都是从主方的角度向主方提供建议。

【富家，大吉。】

这是家人卦第四爻的爻辞，代表客方的行动。阴爻表示客方是防守或撤退。这条爻既当位又有应，是对主方有利的因素，表示客方的被动正好是主方进攻的好机会。爻辞建议主方趁此机会，用客方的财富让自己的国家富裕，这对主方非常吉利，"富家，大吉"。孙子说："凡为客之道，深入则专。主人不克，掠于饶野，三军足食。"

【王假有家，勿恤，吉。】

这是家人卦第五爻的爻辞，代表客方的素质。阳爻表示客方实力雄厚。这条爻既当位又有应，是有利于主方的因素。"假"，照规定或请求暂时离开工作、学习场所，如暑假，休假。"恤"（xù）是忧虑的意思。"假有家"和"闲有家"

是一个意思。"王"指主方，是"夫霸王之兵"中的王。由于客方已经从进攻转入防守和退却，主方受的压力减小，王可以比较轻松地在自己的国土上休闲。然而，客方的实力仍然强大于主方，爻辞告诉主方不要忧虑，尽管当前仍然是敌强我弱，但最终的结果是吉利的。这种对结果的判断是基于对形势的全面估计，所以，爻辞说"王假有家，勿恤，吉"。强大的敌人并不是不可以被战胜，孙子说："古之善用兵者，能使敌人前后不相及，众寡不相恃，贵贱不相救，上下不相收，卒离而不集，兵合而不齐。合于利而动，不合于利而止。敢问敌众而整将来，待之若何，曰：先夺其所爱则听矣。兵之情主速，乘人之不及。由不虞之道，攻其所不戒也。"

【有孚威如，终吉。】

这是家人卦第六爻的爻辞，代表客方的态度，阳爻表示客方的态度强硬。第六爻的位置是阴位，阳爻在阴位，不当位，而且，这条爻与第三爻的阳爻冲突，无应，既不当位又无应，这是一个对主方不利的因素。由于这是客方的态度，主方不能改变它，只能靠战斗征服它。"孚"是诚信的意思，不过，兵以诈立，在军事环境下，无诚信可言。在敌我关系中，"有孚"可以解释成谨慎对待，"顺详敌之意"，威加于敌，爻辞说，"有孚威如"。由于卦中有五条爻当位，两对爻有应，整个主客形势在向有利于主方的方向变化，尽管目前主方仍然有一定困难，但是，最终的结局是吉利的，"终吉"。

吉利收购沃尔沃

2010年3月28日晚，吉利集团在瑞典哥德堡与福特汽车签署最终股权收购协议，以18亿美元获得沃尔沃轿车公司100%的股权以及包括知识产权在内的相关资产。吉利集团董事长李书福说："我们现在就好比一个中医在为沃尔沃做调理，去激发它原本的活力、积极性以及造血功能。"

像一个中医在为沃尔沃做调理，像一个家庭主妇在为家里人做调理，这种情况，可以用家人卦代表。

家人卦的代号是5∶3，表示其主卦是5卦离卦，客卦是3卦巽卦，主卦和客卦的阳数之比是5∶3。沃尔沃是国际知名的顶级豪华汽车品牌，1999年，福特汽车公司出资64.5亿美元从瑞典收购了沃尔沃，现在，吉利只用了27.9%的钱，从福特收购了沃尔沃，这是一笔光辉闪耀的交易，然而，吉利是一个实力不很强的企业，依附于社会各方面的支持，5卦离卦的卦象是火，性质是光明而依附，离卦恰好可以代表吉利的状态。另一方面，世界正从金融危机中逐渐复苏，沃尔沃公司长期亏损，转而投向美国的福特，转而投向中国的吉利，恰似偏移不定的风，风是3卦巽卦的卦象，3卦的性质是被动而有力，恰好可以代表沃尔沃的状态。

家人卦在周易中的编号是37。家人是5：3卦的卦名，按字面解释是家里的人，家长。主卦是离卦，光亮而依附，如操劳家务的家长而依赖全家人员的配合；客卦是巽卦，有力而顺从，如家庭成员顺从家长。

家人卦有五条爻当位，两对爻有应，只有第六爻既不当位又无应。家人卦是一个对主方有利的卦，说明收购沃尔沃对吉利有利，同时，也有些问题需要妥善处理。

【利女贞。】

这是家人卦的卦辞，概括地说明当前主客关系的形势。按家人卦的结构，形势对主方很有利，然而，有利只是一种可能性，而不是必然性，只有主方恰当地处理主客关系，这种可能性才能变成现实，吉利公司只有针对沃尔沃现状，开出一剂良药，改变沃尔沃的内部机制，激发活力，成功处理并购后吉利与沃尔沃的关系，才能实现真正的并购。

【闲有家，悔亡。】

这是家人卦第一爻的爻辞，代表主方的行动，阳表示主方的行动是积极主动。这条爻是阳爻在阳位，当位，并且，与第四爻阴爻有应，既当位又有应，是一个对主方有利的因素，表示积极主动的行动对主方有利。"闲"的意思是没有事情做，休闲。吉利集团是这里说的家，家是散地，孙子说，"散地吾将一其志"，一其志，就能行动"如率然"。"率然者，常山之蛇也。击其首则尾至，击其尾则首至，击其中则首尾俱至"。因为"闲有家"，在艰苦的斗争中，就没有悔恨，所以，爻辞说"闲有家，悔亡"。吉利集团积极主动地改造沃尔沃，必将给吉利带来新的发展机遇。

【无攸遂，在中馈，贞吉。】

这是家人卦第二爻的爻辞，代表主方的素质，阴爻表示主方力量薄弱。这条爻既当位又有应，是对主方有利的因素，然而，由于主方力量薄弱，必须采取灵活的策略才能从客方强大的实力得到益处。"遂"是成功，实现的意思，如，未遂。"馈"是赠送的意思，如馈赠。爻辞的意思是，不要追求什么成就，成就在于中等的赠送，坚持下去吉利，也就是说，不要对沃尔沃采取大的调整，要顺势而为，调动沃尔沃自身的品牌优势，耐心地等待机会，只要如此，就能够调理好沃尔沃。按孙子的话："不争天下之交，不养天下之权，信己之私，威加于敌，则其城可拔，其国可隳。"

【家人嗃嗃，悔厉，吉；妇子嘻嘻，终吝。】

这是家人卦第三爻的爻辞，代表主方的态度，阳爻，表示主方态度强硬。这条爻当位，然而无应，是一个既有利又不利的因素。这经营环境下，家人是吉利集团的形象比喻，妇子是沃尔沃的形象比喻。吉利集团方面态度强硬，显出严厉的样子，如果认识到这种严厉的态度是危险的，悔恨这种表现，则吉利，也就是说，"家人嗃嗃，悔厉，吉"。如果不是如此，客方会狡猾地躲开主方的监督，"妇子嘻嘻"，而最终，我方很难办，"终吝"。显然，保护沃尔沃高端品质的形象是头等大事，无论在吉利集团与沃尔沃的知识产权问题上，还是沃尔沃未来的团队经营上，吉利集团都一再强调彼此的"独立经营权"，按照李书福的表述，沃尔沃未来还将由目前的团队去经营，吉利集团并不会派驻高层施行任何的管制和监管。这是正确的做法。

家人卦的第一、二、三爻代表主方的行动、素质和态度。第四、五、六爻代表客方的行动、素质和态度。全部卦爻辞，包括第四、五、六爻的爻辞，都是从主方的角度，向主方提供建议。

【富家，大吉。】

这是家人卦第四爻的爻辞，代表客方的行动。阴爻表示沃尔沃接受吉利集团管理。这条爻既当位又有应，是对主方有利的因素，表示客方的顺从正好是主方得益的好机会。爻辞建议吉利集团趁此机会，用沃尔沃的技术和经验提高吉利集团的生产和经营能力，这对吉利集团非常有利，"富家，大吉"。孙子说，"凡为客之道，深入则专。主人不克，掠于饶野，三军足食"，在能够共享部分知识产权的前提下，吉利的未来肯定不是现在的吉利。

【王假有家，勿恤，吉。】

这是家人卦第五爻的爻辞，代表客方的素质，阳爻表示客方实力雄厚。这条爻既当位又有应，是有利于主方的因素。由于吉利集团获得沃尔沃轿车公司100%的股权以及包括知识产权在内的相关资产，吉利集团自己减少了很多研发的压力，有利于提升吉利品牌，可以比较轻松地在自己的领域内休闲，不要忧虑，尽管当前吉利品牌的声誉还比较低，但最终会上去的，吉。

【有孚威如，终吉。】

这是家人卦第六爻的爻辞，代表客方的态度，阳爻表示客方的态度强硬。第六爻的位置是阴位，阳爻在阴位，不当位，而且，这条爻与第三爻的阳爻冲突，无应，既不当位又无应，这是一个对主方不利的因素。这是客方的态度，主方不能改变它，只能靠智慧妥善处理。由于中国和瑞典两个国家的社会体制和文化的差异，以及各自的利益考虑，在整合方面肯定会有不少困难。孙子说，"夫吴人与越人相恶也，当其同舟而济遇风，其相救也如左右手"，瑞典与中国本来就有比较好的关系，对于瑞典来说，沃尔沃轿车是这个只有九百多万人口国家的一个重要产业，被吉利收购，沃尔沃轿车很可能扭转亏损，吉利集团与瑞典的沃尔沃公司有共同利益。"孚"是诚信的意思，只要诚恳地对待沃尔沃原来的团队，就能够建立威信，"有孚威如"。由于卦中有五个爻当位，两对爻有应，整个形势在向有利于吉利集团的方向转移，尽管目前吉利集团仍然有一定困难，但是，最终的结局是好的，"终吉"。

第十二章　火攻篇

孙子曰：凡火攻有五，一曰火人，二曰火积，三曰火辎，四曰火库，五曰火队。行火必有因，烟火必素具。发火有时，起火有日。时者，天之燥也。日者，月在箕、壁、翼、轸也。凡此四宿者，风起之日也。

凡火攻，必因五火之变而应之：火发于内，则早应之于外；火发而其兵静者，待而勿攻，极其火力，可从而从之，不可从而止。火可发于外，无待于内，以时发之，火发上风，无攻下风，昼风久，夜风止。凡军必知有五火之变，以数守之。

故以火佐攻者明，以水佐攻者强。水可以绝，不可以夺。

夫战胜攻取，而不修其功者凶，命曰费留。故曰：明主虑之，良将修之，非利不动，非得不用，非危不战。主不可以怒而兴师，将不可以愠而致战。合于利而动，不合于利而止。怒可以复喜，愠可以复悦，亡国不可以复存，死者不可以复生。故明君慎之，良将警之。此安国全军之道也。

二十八宿

孙子说："日者，月在箕、壁、翼、轸也。凡此四宿者，风起之日也。""宿"（xiù），我国古代天文学家把某些星的集合体叫作宿。"箕"（jī），簸箕。箕宿这个星宿有四个星，组成一个四边形，像簸箕。"壁"（bì），壁宿有两个星，连成一条线，如墙壁。"翼"（yì），翼宿有 22 个星，像鸟展开的翅膀。"轸"（zhěn），轸宿有 4 个星，轸是古代车后的横木，轸宿的 4 个星组成的形状像车的横木。四宿是二十八宿中的四宿。

孙子的这段话证明在 2000 多年前，古人长期观察自然现象，积累了丰富的天文学知识，不仅组合散布在天上的星体，命名星宿，并且结合日月运行，能够预报什么时候起风。

什么时候开始有二十八宿？根据考古材料，早期二十八宿建立在约公元前 4500 年左右，这个时代大约相当于伏羲时代，相当于八卦形成的时代。八卦是古人用土圭观察日影得到的表达事物变化规律的方式，八卦与二十八宿都是起源于古人对自然现象的观察。观察自然现象，总结季节变化和气候变化是为了生产和生活的需要，根据对客观自然现象的认识，发展了科学，发展了文化，推动了社会的发展。尽管那时人们的科学知识很少，信神，信命运，有对祖先和神鬼祭祀的习惯，有占卜，但是创造和发展文化的，推动历史前进的是劳动和对自然现象的认识的深化，而不是祭祀与占卜。二十八宿与《易》都是在劳动和观察自然现象中产生的，而不是祭祀和占卜创造的，也就是说，中华文化的源头是古人的劳动和对自然现象的观察，而不是对神鬼的崇拜和占卜。

八 卦

《孙子兵法》中好几处有"五"：道、天、地、将和法等五事，"一曰度，二曰量，三曰数，四曰称，五曰胜"，"声不过五，五声之变，不可胜听也；色不过五，五色之变，不可胜观也；味不过五，五味之变，不可胜尝也"，五行，五利，五危，现在又讲五火，都有"五"。这表明《孙子兵法》的思维方法受到《易》的影响，特别是受到八卦的影响。"五"显然不是指五行，而是指八卦，因为五行讲相生相克的关系，而《孙子兵法》中的"五"是指分类。五火是五种火攻方式，全部火攻的方式可以用一个八卦表示，一个卦表示一种火攻方式。下面是五火与八卦的联系。

火人指火攻敌方的人员。人员包括作战人员与非作战人员，是部队中最具活力的部分。人员符合7卦乾。乾卦的卦象是天，天的特性是运动和有巨大的能量。

火积指火攻敌方堆积的物资。堆积的物资暂时存放在某处，随时准备作战使用，如水存于江河湖海或容器中。堆积的物资符合于2卦坎卦，坎卦的卦象是水。

火辎指火攻敌方的辎重。辎重包括战车等战斗物资，跟随部队用于作战，随动的性质接近3卦巽卦的特性。巽卦的卦象是风，性质是灵活而有力。

火库指火攻敌方的库房。库房设定在某个固定地点。库房接近于1卦艮卦的特性，艮卦的卦象是山，山的特性是静止和停止。

火队指火攻敌方的运输部队。运输部队的特点是运动，把战斗物资输送到前线部队，而运输部队本身的战斗力不强，运输部队接近4卦震卦的特性。震卦的卦象是雷，特点是运动而力弱。

下图表示五火与八卦的对应关系。

在古代火攻与水攻是破坏力比较强大的进攻方式，孙子在火攻篇中具体阐述了火攻作战方式，五种火攻，五火之变，火攻和水攻的比较，以及对火攻和战争的主导思想。五火是在 2000 多年前孙子所处时代火攻的分类，限于当时的条件，火攻只有五种，然而，现代战争的攻击手段已经与孙子时代大不相同，有了很多破坏力更强大的进攻方式，上图中除了《孙子兵法》中的五火之外，加了基和信。

"信"代表信息系统。信息系统接近 5 卦离卦的特性，离卦的卦象是火，特性是光明而依赖。失去信息系统就失去光明，部队将处于盲目状态，束手待毙。可以利用飞机轰炸、导弹袭击等先进的作战手段，打击敌方的卫星、雷达、电台等信息系统。

"基"指基础设施。基础设施接近于 0 卦坤卦。坤卦的卦象是地，地是静止的，是万物的生长基础。可以利用飞机轰炸、导弹袭击等先进的作战手段，打击敌方的机场、桥梁、电站等等基础设施。

图中 7 个卦有了对应的攻击方式，6 卦兑卦没有对应的攻击方式，在未来的战争中，作战手段更先进，也许会出现破坏性更大的与兑卦相应的攻击方式。

既济卦

八卦在《易》中的主要应用是用经卦代表关系中的双方，用两个经卦相重代表双方关系。"知己知彼，百战不殆"，一个经卦代表己，是主卦，另一个经卦代表彼，是客卦。根据实际情况选取一个代表主方的经卦，叫主卦，选取一个代表彼的经卦，叫客卦。主卦与客卦相重，主卦在下，客卦在上，组成代表己和彼的六画卦，叫别卦。因为两个经卦都客观地反映了实际情况，所以，别卦代表了知己知彼。现在结合火攻篇，试用一个别卦代表敌我关系的形势。设我方火攻敌方，我方的状态用 5 卦离卦表示。离卦的卦象是火，离卦的特性是光明而依附。我方采取火攻的作战方式，是一个聪明的决策，但是，是否能够成功尚依赖于我方的准备、敌方的警觉，以及风势等自然条件，因此用离卦代表我方。设敌方的状态是2卦坎卦，坎卦的卦象是水，水有很强的力量，但是流动方向受到限制，坎卦的特性是困难和危险。敌方突然遭到我方的火攻，面临困难，因此用坎卦代表敌方。离卦在下，坎卦在上，两卦相重得到既济卦。这个既济卦反映当前火攻的形势，是知己知彼的分析。这是利用经卦的卦象与特性选取主卦和客卦以确立别卦。

下一步，根据经卦中三条爻的象征性意义，验证选取的主卦和客卦是否反映我方与敌方的实际情况。经卦的三条爻的象征性意义是，下爻代表行动，中爻代表素质，上爻代表态度。先看主卦，主卦是5卦离卦，下爻是阳爻，象征我方的行动是主动的，发动火攻是我方的主动行动。中爻是阴爻，象征我方的素质不佳。我方的火攻依赖于风向和风力，依赖于敌方没有准备，我方不完全掌握火攻成功的决定因素。上爻代表态度，是阳爻，代表我方态度强硬。火攻一旦发动起来，不可能撤销，只有尽力取得成功，没有回旋余地。所以，离卦代表了我方的实际情况。

另一方面，敌方事先不知道将要遭受火攻，处于被动状态，坎卦的下爻是阴爻，可以代表敌方的被动行动。我方决定火攻敌方，是因利而动，如果不是显然可以得利，我方是不会用火攻的，敌方有我方希望取得的利益，坎卦的中爻是阳爻，代表敌方有我方想获取的利益。敌方受到火攻时，一般是要根据当时的情况紧急采取应对措施，敌方的态度适应于突发的事件，必须是灵活的，坎卦的上爻是阴爻，可以象征这种灵活的态度，所以，坎卦的上中下三爻符合受到火攻时敌方的行动、素质和态度，坎卦代表了敌方的实际情况。

主卦在下，客卦在上，形成的别卦代表从主方的角度观察和分析当前的主客双方对峙的形势。离卦为主卦，坎卦为客卦得到的既济卦代表上面假设的火攻情况下从我方的角度观察和分析的敌我对峙形势。下图是既济卦的结构图。

既济

5:2卦

图中，5:2是既济卦的代号，表示其主卦是5卦离卦，客卦是2卦坎卦。别卦中六条爻的顺序是从下往上，最下面的是第一爻，最上面的是第六爻，既济卦的六条爻的性质是阳、阴、阳、阴、阳和阴，阴阳相间，是最和谐的状态，图中六条爻都是黑色，表明都当位（不当位的爻用灰色表示），图右边的细实线表示有应。主卦和客卦的下爻、中爻和上爻都有应。从别卦的结构来看，既济卦的全部爻都是既当位又有应，当前的形势对主方有利，也就是说，火攻是对主方有利的作战方式。

然而，上面的分析是以最理想的情况为基础的，真实情况不一定如此，我方的火攻准备不一定完美无缺，敌方不一定完全没有察觉，风向和风力等自然条件不一定理想。我方的决策者不应当高兴过早，而应当更认真仔细地审视当前的真实形势。

别卦附有卦爻辞，卦爻辞是对抽象的卦作出的比较形象地说明。不过，卦爻辞并不限于直接说明别卦，而且，从主方的角度出发，强调主方应当采取的措施。下面是既济卦的卦爻辞：

既济卦的卦爻辞

5:2 既济（《周易》第 63 卦）

既济：亨，小利贞；初吉终乱。

一阳：曳其轮，濡其尾，无咎。

二阴：妇丧其茀，勿逐，七日得。

三阳：高宗伐鬼方，三年克之；小人勿用。

四阴：繻有衣袽，终日戒。

五阳：东邻杀牛，不如西邻之禴祭，实受其福。

六阴：濡其首，厉。

5:2 是代号，既济是卦名，既济卦在《周易》中的编号是第 63。过去都是用周易中的卦的编号，按周易，既济卦是 63 卦。"既"，动作已经完了，"既往不咎"。"济"，渡，过河，"同舟共济"。"既济"，已经渡过河，是关于一个小狐狸渡过一条即将枯干的河流的寓言故事，卦爻辞中"曳其轮，濡其尾"与"濡其首"都是说的这个拉车过河的小狐狸。按说，小狐狸是不能过河的，然而，由于河水即将枯干，小狐狸得到了过河的机会。对于这个小狐狸来说，机会很好，很巧，也很难得。因此可以理解，既济卦说明的形势是一次很好，很巧，也很难得的机会。

【亨，小利贞；初吉终乱。】

这是既济卦的卦辞，概括地说明主客双方的形势，在这个关于火攻的例子中，概括地说明火攻时敌我双方的形势。"亨"，通达，顺利，"万事亨通"。"贞"，坚持，"坚贞不屈"。"利贞"，应当坚持下去。古时候，《易》的卦爻辞没有标点符号，加上标点符号，"亨小利贞"这四个字的断句可以有"亨，小利贞"与"亨小，利贞"两种形式，对这两种形式可以作出完全不同的解释。到底是"亨，小利贞"还是"亨小，利贞"？查看《易》的64卦的卦爻辞中"亨"与"贞"的用法，"元亨"10次，"亨"33次，"光亨"1次，"利贞"20次，"小利贞"2次。既济卦的六条爻全部既当位又有应，表明火攻的形势对主方有利，具体地说，主方利用敌方防卫上的不足，利用风向风力等有利自然条件，主动对客方火攻，火攻是顺利的，因此卦辞说的应当是"亨"，而不是"亨小"。主方应当果断地利用当前的有利形势改变目前的处境，应当变而不应当坚持不变，因此卦辞说的是"小利贞"，而不是"利贞"，也就是说，坚持下去利益很小，不是很有利，应当改变目前处境，而不是坚持目前的处境。"初吉终乱"四个字是对"亨，小利贞"的补充和对事态发展的说明。"初吉"，火攻的开始阶段吉利，"亨"也是指火攻的开始阶段，因为主方做了火攻的准备，在有准备的基础上采取了进攻的行动，而客方对火攻的开始没有察觉或假装没有察觉而被动地防守，从而主方能够顺利地发动火攻。一旦火攻发动以后，客方必然有所反应，随之主客双方陷入混乱，卦辞说"终乱"。"乱"不一定不吉，"乱"是事态的必然发展，不乱几乎是不可能的，主方需要在乱中掌握主动，掌握事态的发展以取得火攻的顺利。孙子说："凡火攻，必因五火之变而应之。"

卦辞以下，"一阳"、"二阴"、"三阳"等是爻的代号，一，二，三等是爻的序数，从卦的下面往上数，"阳"或"阴"表示爻的性质。卦爻辞内没有"阴"字与"阳"字，有些人以为《易》中没有阴阳概念，其实，爻就是阴阳的表示符号。爻表示某一种因素是阴或阳。

【曳其轮，濡其尾，无咎。】

"曳"（yè），拉、牵引，"曳光弹"。"濡"（rú），沾湿，润泽。爻辞的意思是，拉那个轮子，沾湿了尾巴，无所怪罪。"濡其尾"表明"曳其轮"的是一个有尾巴的动物，而不是人。能够沾湿尾巴，表明这个有尾巴的动物是在泥泞的路上，或即将枯干的河流底部拉这车子。很多人认为是一段关于小狐狸拉车过河的寓言。这是既济卦第一爻的爻辞，代表主方的行动，阳爻，表示主方的行动是积极主动的，这条爻既当位又有应，是对主方有利的因素，为了发挥这个有利因素的作用，主方必须努力奋斗，就像一个小狐狸尽全力拉一个车子的轮子渡过一条接近枯干的河流。小狐狸虽然沾湿了尾巴，但是尽力而为，无所怪罪。孙子说，"行火必有因，烟火必素具"，为了准备火攻，主方必须尽最大的努力，准备的完善程度将决定火攻的成败，将决定自己遭受的损失的严重程度。在火攻中主方可能遭受伤失，只要尽力而为，就无所怪罪。

【妇丧其茀，勿逐，七日得。】

"茀"（fú），古时妇女乘车时的车门的门帘。"逐"，追赶。"逐鹿"。这条爻辞的意思是：一位妇女丢了车门的门帘，不用找，七日就重新得到了。这是既济卦第二爻的爻辞，代表主方的素质，阴，表示素质不佳，爻辞说"妇丧其茀"。就火攻形势来说，主方不知道客方是否有预防，如果有内应，不知道内应是否得手，不知道风向风力是否能够满足火攻的需要等等，缺少信息和战场的控制能力，此情景如爻辞所说，"妇丧其茀"。这条爻既当位又有应，表示主方能够从火攻得到利益，是对主方的有利因素，"勿逐，七日得"告诉主方不要担心，耐心仔细观察战场形势的变化，迅速作出恰当行动，就可以达到火攻的目的。孙子说："火发于内，则早应之于外；火发而其兵静者，待而勿攻，极其火力，可从而从之，不可从而止。"

【高宗伐鬼方，三年克之；小人勿用。】

"高宗"，商代第 23 位帝王，名武丁，在位时期约前 1250～前 1192 年，"鬼方"是商的邻国，武丁在位时期，曾攻打鬼方，并任用贤臣傅说为相，妻子妇好为将军，商朝再度强盛，史称"武丁中兴"。这是既济卦第三爻的爻辞，阳，表示主方的态度强硬，坚决夺取火攻胜利。这条爻既当位又有应，是对主方的有利因素，告诉主方，坚持下去就是胜利，不过要有耐心，如"高宗伐鬼方"，攻打了三年，最终胜利。"小人"是指急躁的指挥官，不能用暴躁的人当火攻的指挥。孙子说："主不可以怒而兴师，将不可以愠而致战。"

上面的三条爻辞分别说明主方的行动、素质和态度对主客双方形势的影响，形势对主方很有利，然而，主方要耐心观察事态变化，恰当应对，不可急躁，小人勿用。下面三条爻辞说明客方的行动、素质和态度对形势的影响。

【繻有衣袽，终日戒。】

这是既济卦第四爻的爻辞，第四爻是阴爻在阴位，当位。同时，第一爻是阳爻，第四爻与第一爻有应。第四爻既当位又有应，是对主方有利的因素。第四爻是阴爻，表示客方被动防守。客方的被动防守，为主方的火攻提供了机会，有利于主方。另一方面，客方虽然是被动防守，但是不能排除其中有诈，也可能客方已经察觉主方火攻的企图，而故作镇静，引主方入套。爻辞提醒主方要有戒备。"繻"，应当是濡，渗漏。"袽"，旧絮，破布一类的东西。这条爻辞的意思是：船有渗漏时，用破布一类的东西塞，终日戒备。从字面上看，是说船上的人应当终日戒备，航行中有沉船的危险，如果船有渗漏，立即用破布一类的东西堵塞。

就当前火攻情况来说，主方应当有应对意外事件的应急措施。这里的"终日戒"是指主方终日戒备，而不是指客方终日戒备。虽然处于被动防守状态的客方也会"终日戒"，不过，爻辞是从主方的角度说的，"终日戒"是主方终日戒备，恐自己的预计不周可能遭受客方攻击，也要戒备客方在防守中反扑。

【东邻杀牛，不如西邻之禴祭，实受其福。】

这是既济卦第五爻的爻辞。第五爻是阳爻在阳位，当位。而且，第五爻和第二爻是一阴一阳，有应。第五爻既当位又有应，对主方有利。第五爻代表客方的素质，阳爻表示客方的素质良好，客方拥有主方谋求的利益，火攻也许让主方得益。爻辞中的"禴"（yuè），禴祭，一种春季进行的祭祀，祭品菲薄，但心很诚。爻辞以祭祀为比喻，说东邻杀牛的丰盛祭祀，不如西邻的俭朴而意诚的祭祀，能够实实在在地受到神与鬼的福佑。在这个祭祀比喻中"实受其福"中的"其"指神和鬼。运用于双方关系，"其"是指客方，"实受其福"指主方实实在在地受到来自客方的福利。这里强调实际效果而不重形式。就火攻而言，强调实实在在的火攻的效益，而不重轰轰烈烈的形式。孙子曰："凡火攻有五：一曰火人，二曰火积，三曰火辎，四曰火库，五曰火队。"主方的火攻方式应当是五种方式中效果最好的方式。

【濡其首，厉。】

这是既济卦第六爻的爻辞。第六爻的位置是阴位，阴爻在阴位，当位，而且与第三爻有应，既当位又有应，是对主方有利的因素。不过，爻辞没有提如何对主方有利，而是说"濡其首"。爻辞中"濡其首"显然又是关于小狐狸过河的寓言，说是小狐狸把头弄湿了。"厉"（lì），凶猛，"厉害"、"严厉"。爻辞的字面意思是：把头弄湿了，形势就将变得严厉。这条爻是代表客方态度，阴爻表示客方态度灵活，本来客方的灵活态度有利于主方采取严厉措施，然而，客方的灵活态度又包含不确定因素，爻辞警告主方，要注意保护自己，不要"濡其首"。孙子说："合于利而动，不合于利而止。"

古时候火攻算是一种破坏力很强的作战方式，孙子在《火攻篇》中特别提出慎战，"合于利而动，不合于利而止。怒可以复喜，愠可以复悦，亡国不可以复存，死者不可以复生。故明君慎之，良将警之。此安国全军之道也。"现代战争手段的破坏力更强，杀伤力更大，我们更需要牢记"此安国全军之道"，致力于维护世界和平。《易》告诉我们有的时候机会看来很好，但是实际上是"初吉终乱"，需要有应付"乱"的准备。要看到事物的发展和活动的限度，注意不要行为过度以致"濡其首"，"濡其首"则"厉"。

通用食品公司的一项咖啡豆交易

通用食品公司是全美国食品业界第三位，世界第五大食品企业。曾经有一次，外汇不足的巴西政府，希望抛售一批旧咖啡豆，刚好通用食品咖啡部门的主任乔治·罗宾逊与巴西财政部长共进午餐，在20分钟之内完成6000万美元的交易。乔治·罗宾逊事先丝毫未与公司上级主管请示或联络过，但因为这笔生意对通用食品公司有利，因而专断独行，先斩后奏，使公司获利。

孙子曰："凡用兵之法，将受命于君，合军聚合"，"途有所不由，军有所不击，城有所不攻，地有所不争，君命有所不受"。在古代，"利于君"，也就是对国家有利的，将帅可以根据情况变化而自行处理；在现代，企业经营者的任务是"利于公司"，对公司有利的，必须临机处置，见机而行，君命不受。

不过，这种"君命有所不受"的情况也需要谨慎处理。孙子说："所由入者隘，所从归者迂，彼寡可以击吾之众者，为围地"，"围地则谋"。乔治·罗宾逊当机立断，与巴西政府敲定交易，冒风险，乃"所由入者隘"，如果公司不同意这项交易，则"所从归者迂"，如果撤销交易，乔治·罗宾逊将要承担严重后果，其情形如"彼寡可以击吾之众者"，所以，乔治·罗宾逊需要"围地则谋"。围地可以用2卦坎卦代表。谋，可以用5卦离卦代表。乔治·罗宾逊所面对的形势可以用5:2卦既济卦代表。

既济卦的客卦是2卦坎卦，卦象是水，特性是困难和危险，象征巴西政府外汇不足的困难。既济卦的主卦是5卦离卦，卦象是火，特性是光明而依附，象征乔治·罗宾逊的智慧和对公司的依附。

既济是卦名，在此情况下，象征乔治·罗宾逊与巴西政府恰到好处地完成了一次交易。

既济卦的六条爻的性质是阳、阴、阳、阴、阳和阴，阴阳相间，是最和谐的状态，六条爻都当位，当前的形势对主方有利，也就是说，这项交易对乔治·罗宾逊恰到好处。

然而，上面的分析是以最理想的情况为基础的，真实情况不一定如此，应当更认真仔细地审视当前形势。

别卦附有卦爻辞，卦爻辞是对抽象的卦作出的比较形象地说明。不过，卦爻辞并不限于直接说明别卦，而且，从主方的角度出发，强调主方应当采取的措施。

【亨，小利贞；初吉终乱。】

这是既济卦的卦辞，概括地说明主客双方的形势，这项交易进展顺利，

"亨"。这交易是一次性的，利虽小，应当果断，坚持办，"小利贞"。这项交易使乔治·罗宾逊受益，然而是一次性的，以后不一定有，并且，交易签订以后，可能涉及公司管理事务问题，"初吉终乱"。

【曳其轮，濡其尾，无咎。】

这是第一爻的爻辞，代表乔治·罗宾逊的行动，阳爻，表示他的行动是积极主动的，这条爻既当位又有应，是对乔治·罗宾逊的有利因素，为了发挥这个有利因素的作用，乔治·罗宾逊必须努力奋斗，抓住机遇，就像一个小狐狸尽全力拉一个车子的轮子渡过一条接近枯干的河流。小狐狸虽然沾湿了尾巴，但是尽力而为，无所怪罪。孙子说："途有所不由，军有所不击，城有所不攻，地有所不争，君命有所不受。"为了公司利益，尽力而为，无所怪罪。

【妇丧其茀，勿逐，七日得。】

这是既济卦第二爻的爻辞，代表乔治·罗宾逊的素质，阴，表示素质不佳，爻辞说"妇丧其茀"。乔治·罗宾逊没有事先得到公司认可，不过，不必担心，很快就会得到认可。

【高宗伐鬼方，三年克之；小人勿用。】

这是既济卦第三爻的爻辞，阳，表示乔治·罗宾逊的态度坚决。这条爻既当位又有应，是对他的有利因素，告诉他，坚持下去就是胜利，不过要有耐心，与巴西政府商谈，最终胜利。"小人"是指急躁的人。孙子说："主不可以怒而兴师，将不可以愠而致战。"商谈中不可急躁。

上面的三条爻辞分别说明乔治·罗宾逊的行动、素质和态度对主客双方形势的影响，形势对乔治·罗宾逊很有利，然而，他要耐心观察事态变化，随机应变，不可急躁，小人勿用。下面三条爻辞说明巴西方的行动、素质和态度对形势的影响。

【繻有衣袽，终日戒。】

这是既济卦第四爻的爻辞，第四爻是阴爻在阴位，当位。同时，第一爻是阳爻，第四爻与第一爻有应。第四爻既当位又有应，是对乔治·罗宾逊有利的因素。第四爻是阴爻，表示巴西政府被动防守，为交易提供了机会，有利于乔治·罗宾逊。另一方面，巴西政府虽然是被动防守，但是不能排除其中有可能要价太高，就交易情况来说，乔治·罗宾逊应当有对付意外事件的应急措施，争取最佳效果。

【东邻杀牛，不如西邻之禴祭，实受其福。】

这是既济卦第五爻的爻辞。第五爻是阳爻在阳位，当位。而且，第五爻和第二爻是一阴一阳，有应。第五爻既当位又有应，对乔治·罗宾逊有利。第五爻代表客方的素质，阳爻表示客方的素质良好，巴西政府拥有乔治·罗宾逊需要的咖啡。爻辞以祭祀为比喻，说东邻杀牛的丰盛祭祀，不如西邻的俭朴而意诚的祭祀，能够实实在在地受到神与鬼的福佑。在这个祭祀比喻中"实受其福"中的"其"指神和鬼，这里，是指巴西政府，"实受其福"指乔治·罗宾逊实实在在地受到来自巴西方面的福。这里强调实际效果而不重形式，在共进午餐的时候，也可以签订贸易协议。

【濡其首，厉。】

这是既济卦第六爻的爻辞。第六爻的位置是阴位，阴爻在阴位，当位，而且与第三爻有应，既当位又有应，是对乔治·罗宾逊有利的因素。不过，爻辞没有提如何对乔治·罗宾逊有利，而是说"濡其首"，把头弄湿了，形势就将变得严厉。这条爻是代表巴西方面的态度，阴爻表示巴西方面态度灵活，爻辞警告乔治·罗宾逊，要注意保护自己，不要"濡其首"，不要出价过高。如果出价过高，可能受到公司责难。

第十三章　用间篇

孙子曰：凡兴师十万，出征千里，百姓之费，公家之奉，日费千金，内外骚动，怠于道路，不得操事者，七十万家。相守数年，以争一日之胜，而爱爵禄百金，不知敌之情者，不仁之至也，非民之将也，非主之佐也，非胜之主也。故明君贤将所以动而胜人，成功出于众者，先知也。先知者，不可取于鬼神，不可象于事，不可验于度，必取于人，知敌之情者也。

故用间有五：有因间，有内间，有反间，有死间，有生间。五间俱起，莫知其道，是谓神纪，人君之宝也。因间者，因其乡人而用之；内间者，因其官人而用之；反间者，因其敌间而用之；死间者，为诳事于外，令吾闻知之而传于敌间也；生间者，反报也。

故三军之事，莫亲于间，赏莫厚于间，事莫密于间，非圣智不能用间，非仁义不能使间，非微妙不能得间之实。微哉微哉！无所不用间也。间事未发而先闻者，间与所告者皆死。凡军之所欲击，城之所欲攻，人之所欲杀，必先知其守将、左右、谒者、门者、舍人之姓名，令吾间必索知之。必索敌人之间来间我者，因而利之，导而舍之，故反间可得而用也；因是而知之，故乡间、内间可得而使也；因是而知之，故死间为诳事，可使告敌；因是而知之，故生间可使如期。五间之事，主必知之，知之必在于反间，故反间不可不厚也。

昔殷之兴也，伊挚在夏；周之兴也，吕牙在殷。故唯明君贤将，能以上智为间者，必成大功。此兵之要，三军之所恃而动也。

唯物思维

读《孙子兵法》十三篇，篇篇都是实事求是的思考和分析，"计五事"，"知己知彼"，没有一点对神鬼的祈祷，没有一点求诸命运，战争的胜负先决于庙算，庙算决定于知情，知情决定于人，知敌之情决定于用间。即使在 21 世纪的现代战争，这种唯物的思维方法也是战争决策的根本。两千多年前，有人拜鬼神，作占卜，而现代社会，即使在科学最发达的国家，仍然有人求神之保佑。然而，决定战争胜利的因素首先是实事求是的知己知彼，决定社会发展的是唯物主义的思维，而不是鬼神和命运，不是占卜。《孙子兵法》反映了古代人民的唯物主义的哲学思维方式，这种思维方式是古代文化的基础。因此可以联想，尽管有人用《易经》卜筮，但是《易经》是古代人民在生活实践中对事物实事求是的认识的基础上形成的抽象性普遍性的哲学精华。《孙子兵法》与《易经》结合在一起学习，有助于我们学习《孙子兵法》，也有助于我们认识《易经》的真正价值。

八卦与策略

孙子说："故用间有五：有因间，有内间，有反间，有死间，有生间。"我们来试探找一找这"用间有五"与八卦的对应关系，其对应关系将说明八卦与五间是普遍性的分类和专业性的分类的关系。

"乡间者，因其乡人而用之"，乡间是利用同乡关系使在敌方的人员为我方进行间谍活动。这种间谍是在敌方的人员，与我方有同乡关系，也可以包括师生关系，老同事或老朋友，他们的所在处所是固定的，容易被敌方怀疑、察觉或侦破。可以用1卦艮卦代表乡间，艮卦的卦象是山，山的位置是固定的，山容易被发现。

既然用1卦艮卦代表乡间，为了我方的利益，我方应当正确对待乡间。如何才能应当正确对待乡间？用一个经卦表示这个对我方最有利的状态，这个经卦应当是主卦，客卦是艮卦，主卦的三条爻应当与艮卦全部有应，因此主卦应当是6卦兑卦。主卦是6卦兑卦，客卦是1卦艮卦，二者合成的是6:1卦，损卦。在《军争篇》中曾经用到过损卦，那里是用损卦代表敌我关系，这里，在敌方的乡间是为我方服务的，是我方的朋友，不是敌人，结合这里的具体情况，对损卦的卦爻辞应当作新的解释。损卦的卦辞是："有孚，元吉，无咎，可贞，利有攸往。曷之用？二簋可用享。""孚"是信用，是为人所信赖的意思，"深孚众望"。卦辞说"有孚"，强调诚恳地对待乡间。损卦的六个爻全部有应，总的形势有利，卦辞说"元吉"。如果诚恳对待乡间，则无可怪罪，"无咎"。我方实力强大，乡间为我方服务，有利我方，"可贞"。乡间能够向我方提供有用的信息，"利有攸往"。言外之意，如果不诚恳对待乡间，则不一定"利有攸往"。"曷"（hé），古代疑问词，怎么，何时。"簋"（guǐ），古代盛食物的器具，圆口，两耳。"享"，享受，享用。这里指享祀，享祀之礼。享祀之礼，最多的用八簋，一般的用四簋，最少的用二簋。"曷之用？二簋可用享"意思是，怎么作享祀？用二簋食物即可作享祀。结合与因间的关系解释，作享祀的是谁？是我方。享受祀祭的是谁？是乡间。"曷之用？二簋可用享"就是"赏莫厚于间"的策略，这也是卦名"损"的真正含义。也就是说，在诚恳对待乡间的时候，"利有攸往"，如何往呢？可以恰当地"诱之以利"。除了卦辞以外，全部爻辞也需要结合乡间的情况，作新的解释。

"内间者，因其官人而用之"，内间本来是敌方的官员，由于种种原因，他们可以为我方服务。他们可以出于种种原因对敌方的领导不满，或者贪图私利，我方可以利用他们，他们的特点可以用2卦坎卦表示，坎卦的特征是困难和危险。他们的个人利益得不到满足，处境困难，同时，由于敌方的领导对他们不满意或怀疑，他们的处境有危险，2卦坎卦适宜作代表内间的经卦。

既然2卦坎卦适宜作代表内间的经卦，为了恰当对待内间，可以选用5卦离卦作主卦，2卦坎卦作客卦，二者合组成5:2卦既济卦，既济卦的六条爻全部有应，而且全部当位。在火攻篇中用过既济卦，既济卦的卦辞是："亨，小利贞；初吉终乱。"既济卦的六条爻全部既当位又有应，表明利用内间对主方有利，因此卦辞说"亨"。主方应当果断地利用内间了解敌方的真实情况以改善目前的处境，应当变而不应坚持不变，因此卦辞说的是"小利贞"。"初吉终乱"四个字是对"亨，小利贞"的补充和对事态发展的说明。"初吉"，利用内间的开始阶段吉利，"亨"也是指利用内间的开始阶段，由于内间在敌人内部，他们的不满情绪和贪婪容易被发觉，甚至被敌方利用以破坏我方，从而使局势陷入混乱，卦辞说"终乱"。既济卦的爻辞中也有许多适用于使用内间的策略，例如"勿逐"、"小人勿用"、"终日戒"、"实受其福"，等等。

"反间者，因其敌间而用之"，这些人本来是敌方的间谍，被我方破获以后，经过教育，接受我方的安排，反过来为我方服务。孙子说："敌间之来间我者，因而利之，导而舍之，故反间可得而用也。"孙子又说："五间之事，主必知之，知之必在于反间，故反间不可不厚也。"可见，反间是五间中最重要的一环。因为他们是受敌方重视的人，了解很多重要的情报，特别是可能掌握敌方反我方之间的情报，成功地利用反间，有可能取得影响战争全局的关键性信息。反间的象征很接近八卦中的3卦巽卦，巽卦的特性是灵活而有力，卦象是风，风容易转向，正可以象征这些人从敌方立场转而为我服务，他们在情报工作中的重要作用也如劲风。

既然3卦巽卦可以代表反间，3卦巽卦可以配4卦震卦组合成六爻全部有应的别卦。震卦为主卦，巽卦为客卦，合组的别卦是4:3卦，益卦。在《作战篇》中用过益卦，益卦的卦辞是"利有攸往，利涉大川"。《易》用形象代替叙述，在这里，"川"是个形象，不宜狭义地解释为河川，在此具体情况下，可以解释为敌我界线。这个卦辞的意思是：利于有所前进，利于越过敌我界线。卦辞充分肯定了"因而利之，导而舍之，故反间可得而用也"。从益卦的爻辞也可以得到很多关于恰当对待反间的思考，例如，第五爻的爻辞："有孚惠心，勿问元吉；有孚惠我德。"结合反间的运用，这条爻辞可以作如此解释：诚恳地对待反间，使反间从心里感恩，不用问，非常吉利；诚恳地对待反间，用我方的高尚道德取得反间的优良服务。爻辞中也有关于反间的警语："莫益之，或击之；立心勿恒，凶。"结合运用反间的具体情况解释，这条爻辞的意思是：对于态度顽固的间谍，不要做对他们有益的事，要打击他们。如果下的决心不坚定，则凶险。

"死间者，为诳事于外，令吾闻知之而传于敌间也"，死间包括敌方派来的间谍和从我方逃往敌方的人。我方故意传出虚假信息，让他们传到敌方，使敌方遭受损失，敌方知道其虚假以后，将他们处死。死间可以用0卦坤卦来代表。坤卦的卦象是地，地是相对静止的，地本身不发生光和热，如果没有天上发的光和热，地上的一切生物将死亡，因此，可以用坤卦代表死间。

既然可以用0卦坤卦代表死间，与0卦坤卦全部有应的经卦是7卦乾卦。以乾卦为主卦，坤卦为客卦，合组成的别卦是7∶0卦，泰卦。泰卦在谋攻篇中讨论过，泰卦的卦辞是"小往大来，吉，亨"，说明整个形势对我方有利。"小往大来"，我们有意识地散布虚假信息，"诳事于外，令吾闻知之而传于敌间"，就有可能使敌人受到损失。"吉"，形势对我方吉利。"亨"，进展顺利。泰卦的爻辞中也有许多运用死间的启示，"无平不陂，无往不复；艰贞无咎，勿恤其孚，于食有福"，在运用死间的过程中可能会有反复，如果坚持下去，善待死间，会有好的结果。

"生间者，反报也"，生间是我方派往敌方的间谍，他们隐蔽自己的身份，收集敌方军事等各方面的情报并设法将情报送回我方。他们的行动是积极的、主动的、又是很隐蔽的。生间可以用4卦震卦代表，震卦的卦象是雷。春雷滚滚，雷声隆隆。打雷不一定下雨，但是，滚滚雷声会唤醒冬眠的万物。震卦可以作生间的象征。

既然4卦震卦可以代表生间，以震卦为客卦，与震卦相配而全部有应的经卦是3卦巽卦。巽卦为主卦，震卦为客卦合组成的别卦是3∶4卦，恒卦。前面的篇章中没有讨论过恒卦，下面将结合生间详细讨论恒卦。

五间与八卦的对应关系如下：

恒 卦

下面是恒卦的结构图：

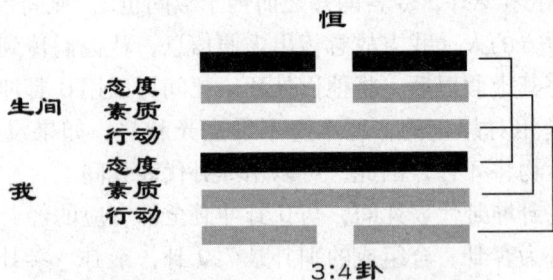

3:4卦

图中，恒是卦名。"恒"，持久，固定不变的：永恒，恒温。参考爻辞中"恒"的用法，"恒其德"，"恒"应当是动词，使恒定，就生间这个具体情况而言，"恒"指使生间保持对我方忠诚。3:4是卦的代号，表示主卦是3卦巽卦，客卦是4卦震卦。主卦代表我方，下、中、上三爻分别代表我方的行动、素质和态度。客卦代表生间，其三爻分别代表生间的行动、素质和态度。黑色的爻是当位的爻，灰色的爻是不当位的爻。右边的细折线表示有应。

恒卦的卦爻辞

3:4恒（《周易》第32卦）

恒：亨，无咎，利贞，利有攸往。

一阴：浚恒，贞凶，无攸利。

二阳：悔亡。

三阳：不恒其德，或承之羞；贞吝。

四阳：田无禽。

五阴：恒其德，贞，妇人吉，夫子凶。

六阴：振恒，凶。

3:4是恒卦的代号，表示其主卦是3卦巽卦，客卦是4卦震卦。恒卦在《周易》中是第32卦。

【亨，无咎，利贞，利有攸往。】

这是恒卦的卦辞。"亨"，通达，顺利；万事亨通。恒卦的三对爻全部有应，两条爻当位，卦辞说"亨"。恒卦有四条爻不当位，因此卦辞没有说"元亨"。结合生间的情况，卦辞的意思是，顺利，无所怪罪，应当坚持目前的做法，应当有所前进。就是说，派出生间的工作进展顺利，做法正确，应当坚持派出生间，应当利用生间收集情报。

【浚恒，贞凶，无攸利。】

这是恒卦第一爻的爻辞。"浚"（jùn），疏通，挖深；"浚河"。第一爻代表我方的行动，阴爻，表示我方的行动被动。第一爻的位置是阳位，阴爻在阳位，不当位，是对主方不利的因素。爻辞告诉主方被动是不利的，由于生间在敌方的处境很困难，不容易保持对主方的忠诚，主方应当经常着力于沟通，加深内间对主方的感情，爻辞说"浚恒"。保持被动是危险的，对主方没有好处，"贞凶，无攸利"。

【悔亡。】

这是恒卦第二爻的爻辞，这条爻也是不当位，与第五爻有应。这条爻是阳爻，表示我方的素质是阳，象征我方给予生间的强力支持。这种强力支持有利于生间，也有利于我方，因此，爻辞说"悔亡"。

【不恒其德，或承之羞；贞吝。】

这是恒卦第三爻的爻辞。第三爻代表我方的态度，阳爻，表示我方对生间的态度强硬。这条爻是阳爻在阳位，当位，而且与第六爻有应，是对主方有利的因素。"其"指他或她，在这里指生间。"恒"是动词，使忠诚。"不恒其德"，如果不促使生间保持忠诚的道德，"或承之羞"，也许会蒙受耻辱。换句话说，如果不促使生间保持忠诚的道德，生间有可能叛变。这部分爻辞肯定了主方的强硬态度，对生间的强硬态度是必要的。但是，不能太过分了，所以爻辞说"贞吝"，保持过分生硬的态度，对生间太苛刻。

【田无禽。】

这是恒卦第四爻的爻辞，代表生间的行动，阳，表示生间的行动是积极主动。"田"指生间的活动范围，"禽"指生间所收集到的情报。"田无禽"，生间没有向我方报告所收集到的情报。这条爻辞只说明"田无禽"这个事实，并没有说是好还是坏，就是说，即使生间没有报告所收集到的情报，情况是正常的，是应该允许的。这条爻与第一爻有应，表明生间的主动行动正好与我方的等待被动相协调，是对我方的有利因素。另一方面，这条爻是阳爻在阴位，不当位，是对我方的不利因素，或者说，生间的主动行动有可能暴露自己，从而给情报工作造成损失。所以，我方应当理解情报工作的复杂性，即使"田无禽"，也应当理解、信任和支持生间。

【恒其德，贞，妇人吉，夫子凶。】

这是恒卦第五爻的爻辞，代表生间的素质，阴，表示生间需要我方的关怀和支持。这条爻是阴爻在阳位，不当位，对我方不利。另一方面，第五爻与第二爻有应，对我方有利。"其"指生间。"恒其德"，使生间具有忠诚的品德。"贞"，坚持，我方应当坚持加强对生间的忠诚教育。"妇人吉，夫子凶"，进一步建议如何对生间作忠诚教育，要像妇女那样耐心地、温柔地教育生间，如果这样，就对我方有利。不要像"夫子"那样高傲和粗暴，如果以高傲粗暴的方式对待生间，后果很危险，"夫子凶"。

【振恒，凶。】

这是恒卦第六爻的爻辞，这条爻是阴爻，在阴位，当位。并且这条爻与第三爻有应，既当位又有应，是对我方有利的因素。然而，爻辞则更强调不利因素以帮助我方免受损失。态度阴，可以表现为柔和，灵活，如果过于柔和，过于灵活，则可能不稳定。"振"是振动，摇摆不定的意思，"振恒"指明生间的态度摇摆不定，其忠诚状态不稳定，这对于我方来说是危险的，"凶"。我方需要"浚恒"，需要"恒其德"，坚持对生间作忠诚教育。

孙子说："故三军之事，莫亲于间，赏莫厚于间，事莫密于间，非圣贤不能用间，非仁义不能使间，非微妙不能得间之实。"以仁义使间是用间的重要原则，而在这个原则之下，又有微妙，"非微妙不能得间之实"。分析恒卦的结构和思考恒卦的卦爻辞，从另一个方面加深了我们对用间篇的理解，也帮助我们理解《易》和运用《易》。

结合五间，上面讨论了损卦、既济卦、益卦、泰卦和恒卦。损卦、既济卦、益卦与泰卦在前面的几篇中已经讨论过，但是，那是针对敌我关系讨论的，而用间篇中则针对我方与我方的间谍之间的关系讨论，这些卦的运用领域不同，卦爻辞的解释也不同，体现了《易》的普遍性。《易》好比是平面上的一个点，这一个点不能决定一条直线，必须有两个点才能决定一条直线，那一点就是具体事实，用《易》必须起卦于具体事实，解释结合于具体事实。如下图所示：

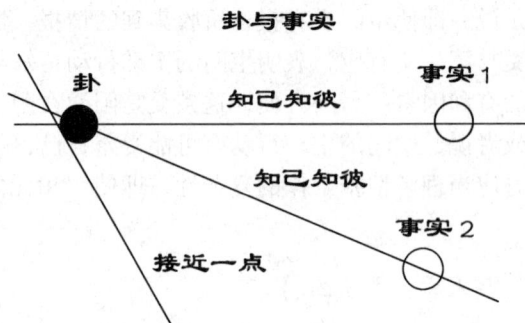
卦与事实

力拓案

2009 年 7 月 5 日，胡、王、葛、刘等四名力拓员工，被上海市国家安全局刑事拘留，涉嫌侵犯商业秘密罪和非国家工作人员受贿罪。2010 年 3 月 29 日，上海市第一中级人民法院对力拓案作出一审判决，认定胡、王、葛、刘四人犯非国家工作人员受贿罪、侵犯商业秘密罪，分别判处其有期徒刑 14 年到 7 年不等。

孙子曰，"故明君贤将所以动而胜人，成功出于众者，先知也。先知者，不可取于鬼神，不可象于事，不可验于度，必取于人，知敌之情者也"，"反间者，因其敌间而用之"，"敌间之来间我者，因而利之，导而舍之，故反间可得而用也"，"五间之事，主必知之，知之必在于反间，故反间不可不厚也"。

市场如战场，市场活动中用间已经是现实，中国数十家钢铁企业每月的钢铁产量、销售情况、采购计划、原料库存、生产安排等等数据，已经存于力拓公司的计算机中。按孙子所说，面对胡某等窃取经济机密的活动，最佳策略是反间，不过，现在我国并没有这么做。《易》总是给出最佳抉择，下面，按《孙子兵法》解释《易》的抉择。

间，无缝不钻，形如风，可以用 3 卦巽卦代表。防间的策略必须与巽卦相适应，这就是 4 卦震卦。主卦是 4 卦震卦，客卦是 3 卦巽卦，主卦在下，客卦在上，两者相重，就是别卦 4:3 卦，益卦。在力拓案中，主方是中国，客方是力拓这四名职工。

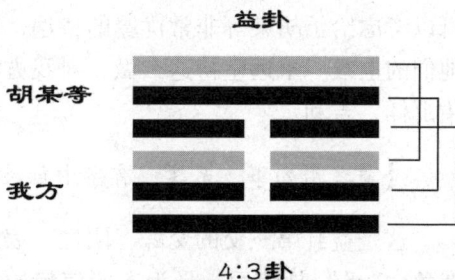

益卦

胡某等

我方

4:3卦

图中，益是卦名，表示我方受益。4:3 是这个别卦的代号，表示这个别卦由主卦和客卦组成，主卦是 4 卦震卦，客卦是 3 卦巽卦，主卦与客卦的阳数之比是 4:3。主卦的下爻、中爻和上爻代表我方的行动、素质和态度；客卦的下爻、中爻和上爻代表胡士泰等的行动、素质和态度。益卦有四条爻当位，三对爻全部有应，形势有利于我方。

益卦的卦爻辞

4:3 益 （《周易》第 42 卦）

益：利有攸往，利涉大川。

一阳：利用为大作，元吉，无咎。

二阴：或益之十朋之龟，弗克违，永贞吉；王用享于帝，吉。

三阴：益之用凶事，无咎；有孚中行，告公用圭。

四阴：中行告公从，利用为依迁国。

五阳：有孚惠心，勿问元吉；有孚惠我德。

六阳：莫益之，或击之；立心勿恒，凶。

【利有攸往，利涉大川。】

这是益卦的卦辞，说明双方总的情况。这条卦辞的意思是，在市场竞争中，我方利于采取主动，防止和抑制对方窃取商业机密的行为。

【利用为大作，元吉，无咎。】

这是益卦第一爻的爻辞。这是阳爻，表示我方积极主动防止和侦破对方窃取商业机密的行为。这非常吉利，无所怪罪。

【或益之十朋之龟，弗克违，永贞吉；王用享于帝，吉。】

这是益卦第二爻的爻辞。这是条阴爻，表示主方的素质差，了解对方不多。"或"，或者，也可以这么做，同时暗示，也可以不这么做。"之"指胡某等，"十朋之龟"表示非常珍贵的礼物。"王用享于帝"是比喻。这条爻辞的意思是，可以考虑给予胡某等非常优厚的待遇，以致使本来不能攻克的对方人员也背离了他们的上级。永远坚持这么做，对我方非常吉利，这就像是王祭祀祖先而得到保佑那样，吉利。

【益之用凶事，无咎；有孚中行，告公用圭。】

这是益卦第三爻的爻辞，阴性，表示主方态度婉转。其中，"凶事"指商业竞争。"孚"是信用，是为人所信赖的意思，如"深孚众望"。"中行"，行于中间，指行动适当。"告公"中的告者，是主方，"公"指胡某等。"圭"，玉器，古代大臣拿着它朝见皇上。结合具体情况解释，这条爻辞的意思是：为了商业竞争，给予胡某等优惠待遇，无所怪罪。诚恳地适当行动，以尊重的态度向对方说明建议。

上面的三条爻辞根据我方的行动、素质和态度说明当前形势变化和我方应当采取的措施。下面的三条爻辞则是根据对方的行动、素质和态度，从我方的角度，比较形象地说明当前情况。

【中行告公从，利用为依迁国。】

这是益卦第四爻的爻辞，阴性，表示客方行动被动。其中的"从"指顺从，听从，随从。"迁"指迁移，变迁。结合市场竞争的具体情况解释，这条爻辞的意思是：由于我方行动适当，胡某等顺从我方的意图，改变立场，为我方服务。

【有孚惠心，勿问元吉；有孚惠我德。】

这是益卦第五爻的爻辞，阳性，表示客方给予。"有孚惠心，勿问元吉；有孚惠我德"中的"惠"指优惠，互惠，惠赠。诚恳地对待胡某等，使他们从心里感恩，不用问，非常吉利；诚恳地对待胡某等，用我方的诚恳态度取得胡某等的优惠帮助。

【莫益之，或击之；立心勿恒，凶。】

这是益卦第六爻的爻辞，这条爻是阳爻，表示客方态度强硬。第二爻中的"或"暗示了另一种可能性，这就是对方态度顽固，在这种情况下，不要做对他们有益的事，要打击他们。如果下的决心不坚定，则凶险。这正是现在的事实，按我国法律给予胡某等制裁。

观八卦对事物自身变化的表示，对比西方哲学的否定之否定和量变到质变理论，显然，八卦比西方的辩证法完善得多。然而有些热爱中华文化的人并不觉得如此，他们觉得八卦属于中华文化，辩证法属于西方文化，不能用西方哲学套中国的八卦，也不能把《易》说成是哲学。按他们的说法，把《易》说成是哲学就贬低了《易》。

要知道，我们与西方人生活在一个地球上，共享一个太阳，共历春夏秋冬，事物的本质和变化规律是一致的。哲学是研究事物的本质和变化规律的科学。全人类只有一个哲学，西方哲学和中国哲学是人类哲学的两个部分，而中国哲学既古老而又最先进，我们当代中国人有责任弘扬《易》的光辉哲学成就。

变化有常规变化和非常规变化两种，八卦和辩证法研究常规变化，而非常规变化，却也是《易》的研究范围。《易》是中国所特有的。

中国正在经历一个伟大变革的时代，需要千千万万像孙子那样伟大的思想家，那样伟大的策略家，那样伟大的哲学家。《易》是哲学，《易》是利器，它必将从封建迷信的污泥浊水中挺立起来而昂首屹立于世界哲学之林，它必将对中国社会的发展起巨大的推动作用。

《易》卦爻辞

本书所介绍的《易》是指传统上所说的易，包括阴阳、五行、八卦、六十四卦和卦爻辞。周时有三易：《连山》、《归藏》、《周易》，这三《易》都有六十四卦，但是卦序不同。《周易》的主体是《易》的卦爻辞的一个版本，是保存至今并且比较完善的版本。为了检索方便，本书中别卦的顺序按主卦和客卦排列组合，如下图。图左的一列数字表示主卦的代号，图顶的一排数字表示客卦的代号，括号中的数字是《周易》中卦的序号。

	∅	1	2	3	4	5	6	7
∅	(2)	(23)	(8)	(2∅)	(16)	(35)	(45)	(12)
1	(15)	(52)	(39)	(53)	(62)	(56)	(31)	(33)
2	(7)	(4)	(29)	(59)	(4∅)	(64)	(47)	(6)
3	(46)	(13)	(48)	(57)	(32)	(5∅)	(28)	(44)
4	(24)	(27)	(3)	(42)	(51)	(21)	(17)	(25)
5	(36)	(22)	(63)	(37)	(55)	(3∅)	(49)	(13)
6	(19)	(41)	(6∅)	(61)	(54)	(38)	(58)	(1∅)
7	(11)	(26)	(5)	(90)	(34)	(14)	(43)	(1)

0：0 坤（《周易》第2卦）

坤：元亨，利牝马之贞。君子有攸往，先迷后得主，利。西南得朋，东北丧朋，安贞吉。

一阴：履霜，坚冰至。

二阴：直方大，不习无不利。

三阴：含章可贞，或从王事，无成有终。

四阴：括囊，无咎无誉。

五阴：黄裳，元吉。

六阴：龙战于野，其血玄黄。

用六：利永贞。

0：1 剥（《周易》第23卦）

剥：不利有攸往。

一阴：剥床以足，蔑，贞凶。

二阴：剥床以辨，蔑，贞凶。

三阴：剥之，无咎。

四阴：剥床以肤，凶。

五阴：贯鱼以宫人宠，无不利。

六阳：硕果不食，君子得舆，小人剥庐。

0：2 比（《周易》第8卦）

比：吉。原筮，元永贞，无咎；不宁方来，后夫凶。

一阴：有孚比之，无咎。有孚盈缶，终来有它，吉。

二阴：比之自内，贞吉。

三阴：比之匪人。

四阴：外比之，贞吉。

五阳：显比。王用三驱，失前禽，邑人不诫，吉。

六阴：比之无首，凶。

0：3 观（《周易》第20卦）

观：盥而不荐，有孚颙若。

一阴：童观，小人无咎，君子吝。

二阴：窥观，利女贞。

三阴：观我生，进退。

四阴：观国之光，利用宾于王。

五阳：观我生，君子无咎。

六阳：观其生，君子无咎。

0：4 豫（《周易》第16卦）

豫：利建侯行师。

一阴：鸣豫，凶。

二阴：介于石，不终日，贞吉。

三阴：盱豫，悔，迟有悔。

四阳：由豫，大有得，勿疑、朋盍簪。

五阴：贞疾，恒不死。

六阴：冥豫，成有渝，无咎。

0：5 晋（《周易》第35卦）

晋：康侯用锡马蕃庶，昼日三接。

一阴：晋如摧如，贞吉；罔孚，裕无咎。

二阴：晋如愁如，贞吉；受兹介福，于其王母。

三阴：众允，悔亡。

四阳：晋如鼫鼠，贞厉。

五阴：悔亡，失得勿恤；往吉，无不利。

六阳：晋其角，维用伐邑，厉吉，无咎；贞吝。

0:6 萃（《周易》第45卦）

萃：亨，王假有庙，利见大人，亨，利贞；用大牲吉，利有攸往。

一阴：有孚不终，乃乱乃萃；若号，一握为笑；勿恤，往无咎。

二阴：引吉，无咎；孚乃利用禴。

三阴：萃如嗟如，无攸利；往无咎，小吝。

四阳：大吉，无咎。

五阳：萃有位，无咎，匪孚；元永贞，悔亡。

六阴：赍咨涕洟，无咎。

0:7 否（《周易》第12卦）

[否]：否之匪人，不利君子贞；大往小来。

一阴：拔茅茹，以其汇；贞吉，亨。

二阴：包承，小人吉，大人否，亨。

三阴：包羞。

四阳：有命无咎，畴离祉。

五阳：休否，大人吉。其亡其亡，系于苞桑。

六阳：倾否，先否后喜。

1:0 谦（《周易》第15卦）

谦：亨，君子有终。

一阴：谦谦君子，用涉大川，吉。

二阴：鸣谦，贞吉。

三阳：劳谦，君子有终，吉。

四阴：无不利，㧑谦。

五阴：不富以其邻，利用侵伐，无不利。

六阴：鸣谦，利用行师征邑国。

1:1 艮（《周易》第52卦）

[艮]：艮其背，不获其身；行其庭，不见其人，无咎。

一阴：艮其趾，无咎，利永贞。

二阴：艮其腓，不拯其随，其心不快。

三阳：艮其限，列其夤，厉熏心。

四阴：艮其身，无咎。

五阴：艮其辅，言有序，悔亡。

六阳：敦艮，吉。

1:2 蹇（《周易》第39卦）

蹇：利西南，不利东北；利见大人，贞吉。

一阴：往蹇，来誉。

二阴：王臣蹇蹇，匪躬之故。

三阳：往蹇，来反。

四阴：往蹇，来连。

五阳：大蹇，朋来。

六阴：往蹇，来硕；吉，利见大人。

1：3 渐（《周易》第 53 卦）

渐：女归吉，利贞。

一阴：鸿渐于干，小子厉，有言，无咎。

二阴：鸿渐于磐，饮食衎衎，吉。

三阳：鸿渐于陆，夫征不复，妇孕不育，凶；利御寇。

四阴：鸿渐于木，或得其桷，无咎。

五阳：鸿渐于陵。妇三岁不孕；终莫之胜，吉。

六阳：鸿渐于陆，其羽可用为仪，吉。

1：4 小过（《周易》第 62 卦）

小过：亨，利贞；可小事，不可大事；飞鸟遗之音，不宜上，宜下，大吉。

一阴：飞鸟以凶。

二阴：过其祖，遇其妣；不及其君，遇其臣，无咎。

三阳：弗过防之，从或戕之，凶。

四阳：无咎，弗过遇之；往厉必戒，勿用永贞。

五阴：密云不雨，自我西郊；公弋取彼在穴。

六阴：弗遇过之；飞鸟离之，凶，是谓灾眚。

1：5 旅（《周易》第 56 卦）

旅：小亨，旅贞吉。

一阴：旅琐琐，斯其所取灾。

二阴：旅即次，怀其资，得童仆，贞。

三阳：旅焚其次，丧其童仆，贞厉。

四阳：旅于处，得其资斧，我心不快。

五阴：射雉，一矢亡，终以誉命。

六阳：鸟焚其巢，旅人先笑后号咷；丧牛于易，凶。

1：6 咸（《周易》第 31 卦）

咸：亨，利贞；取女吉。

一阴：咸其拇。

二阴：咸其腓，凶，居吉。

三阳：咸其股，执其随，往吝。

四阳：贞吉，悔亡；憧憧往来，朋从尔思。

五阳：咸其脢，无悔。

六阴：咸其辅颊舌。

1:7 遯（《周易》第33卦）

遯：亨，小利贞。

一阴：遯尾，厉，勿用有攸往。

二阴：执之用黄牛之革，莫之胜说。

三阳：系遯，有疾厉；畜臣妾，吉。

四阳：好遯，君子吉，小人否。

五阳：嘉遯，贞吉。

六阳：肥遯，无不利。

2:0 师（《周易》第7卦）

师：贞，丈人吉，无咎。

一阴：师出以律，否臧凶。

二阳：在师中吉，无咎；王三锡命。

三阴：师或舆尸，凶。

四阴：师左次，无咎。

五阴：田有禽，利执言，无咎；长子帅师，弟子舆尸，贞凶。

六阴：大君有命，开国承家，小人勿用。

2:1 蒙（《周易》第4卦）

蒙：亨。匪我求童蒙，童蒙求我。初筮告，再三渎，渎则不告。利贞。

一阴：发蒙，利用刑人，用说桎梏；以往吝。

二阳：包蒙，吉。纳妇，吉；子克家。

三阴：勿用取女，见金夫，不有躬，无攸利。

四阴：困蒙，吝。

五阴：童蒙，吉。

六阳：击蒙，不利为寇，利御寇。

2:2 坎（《周易》第29卦）

《习坎》：有孚维心，亨，行有尚。

一阴：习坎，入于坎窞，凶。

二阳：坎有险，求小得。

三阴：来之坎坎，险且枕，入于坎窞，勿用。

四阴：樽酒，簋贰，用缶，纳约自牖，终无咎。

五阳：坎不盈，祇既平，无咎。

六阴：系用徽纆，寘于丛棘，三岁不得，凶。

2：3 涣（《周易》第59卦）

涣：亨，王假有庙，利涉大川，利贞。

一阴：用拯马壮，吉。

二阳：涣奔其机，悔亡。

三阴：涣其躬，无悔。

四阴：涣其群，元吉；涣有丘，匪夷所思。

五阳：涣汗其大号，涣王居，无咎。

六阳：涣其血，去逖出，无咎。

2：4 解（《周易》第40卦）

解：利西南；无所往，其来复吉；有攸往，夙吉。

一阴：无咎。

二阳：田获三狐，得黄矢；贞吉。

三阴：负且乘，致寇至；贞吝。

四阳：解而拇，朋至斯孚。

五阴：君子维有解，吉，有孚于小人。

六阴：公用射隼于高墉之上，获之，无不利。

2：5 未济（《周易》第64卦）

未济：亨；小狐汔济，濡其尾，无攸利。

一阴：濡其尾，吝。

二阳：曳其轮，贞吉。

三阴：未济，征凶，利涉大川。

四阳：贞吉，悔亡；震用伐鬼方，三年有赏于大国。

五阴：贞吉，无悔；君子之光，有孚吉。

六阳：有孚于饮酒，无咎；濡其首，有孚失是。

2：6 困（《周易》第47卦）

困：亨；贞，大人吉，无咎；有言不信。

一阴：臀困于株木，入于幽谷，三岁不觌。

二阳：困于酒食，朱绂方来，利用享祀；征凶，无咎。

三阴：困于石，据于蒺藜；入于其宫，不见其妻，凶。

四阳：来徐徐，困于金车，吝，有终。

五阳：劓刖，困于赤绂；乃徐有说，利用祭祀。

六阴：困于葛藟，于臲卼；曰动悔有悔，征吉。

2:7 讼（《周易》第 6 卦）

讼：有孚窒惕，中吉。终凶，利见大人，不利涉大川。

一阴：不永所事，小有言，终吉。

二阳：不克讼，归而逋，其邑人三百户。无眚。

三阴：食旧德，贞厉，终吉；或从王事，无成。

四阳：不克讼，复即命。渝，安贞吉。

五阳：讼，元吉。

六阳：或锡之鞶带，终朝三褫之。

3:0 升（《周易》第 46 卦）

升：元亨，用见大人，勿恤，南征吉。

一阴：允升，大吉。

二阳：孚乃利用禴，无咎。

三阳：升虚邑。

四阴：王用亨于岐山，吉，无咎。

五阴：贞吉，升阶。

六阴：冥升，利于不息之贞。

3:1 蛊（《周易》第 18 卦）

蛊：元亨，利涉大川；先甲三日，后甲三日。

一阴：干父之蛊，有子考，无咎，厉终吉。

二阳：干母之蛊，不可贞。

三阳：干父之蛊，小有悔，无大咎。

四阴：裕父之蛊，往见吝。

五阴：干父之蛊，用誉。

六阳：不事王侯，高尚其事。

3:2 井（《周易》第 48 卦）

井：改邑不改井，无丧无得，往来井井；汔至亦未繘井，羸其瓶。凶。

一阴：井泥不食，旧井无禽。

二阳：井谷射鲋，瓮敝漏。

三阳：井渫不食，为我心恻；可用汲。王明并受其福。

四阴：井甃，无咎。

五阳：井冽，寒泉食。

六阴：井收，勿幕；有孚，元吉。

3:3 巽（《周易》第 57 卦）

巽：小亨，利有攸往，利见大人。

一阴：进退，利武人之贞。

二阳：巽在床下，用史巫纷若，吉，无咎。

三阳：频巽，吝。

四阴：悔亡，田获三品。

五阳：贞吉，悔亡，无不利；无初有终；先庚三日，后庚三日，吉。

六阳：巽在床下，丧其资斧，贞凶。

3:4 恒（《周易》第32卦）

恒：亨，无咎，利贞，利有攸往。

一阴：浚恒，贞凶，无攸利。

二阳：悔亡。

三阳：不恒其德，或承之羞；贞吝。

四阳：田无禽。

五阴：恒其德，贞，妇人吉，夫子凶。

六阴：振恒，凶。

3:5 鼎（《周易》第50卦）

鼎：元吉，亨。

一阴：鼎颠趾，利出否，得妾以其子，无咎。

二阳：鼎有实，我仇有疾，不我能即，吉。

三阳：鼎耳革，其行塞，雉膏不食；方雨亏悔，终吉。

四阳：鼎折足，覆公餗，其形渥，凶。

五阴：鼎黄耳金铉，利贞。

六阳：鼎玉铉，大吉，无不利。

3:6 大过（《周易》第28卦）

大过：栋挠，利有攸往，亨。

一阴：藉用白茅，无咎。

二阳：枯杨生稊，老夫得其女妻，无不利。

三阳：栋桡，凶。

四阳：栋隆。吉；有它，吝。

五阳：枯杨生华，老妇得其士夫；无咎无誉。

六阴：过涉灭顶，凶，无咎。

3:7 姤（《周易》第44卦）

姤：女壮，勿用取女。

一阴：系于金柅，贞吉；有攸往，见凶，羸豕孚蹢躅。

二阳：包有鱼，无咎；不利宾。

三阳：臀无肤，其行次且；厉，无大咎。

四阳：包无鱼，起凶。

五阳：以杞包瓜；含章，有陨自天。

六阳：姤其角；吝，无咎。

4:0 复（《周易》第24卦）

复。亨。出入无疾，朋来无咎；反复其道，七日来复。利有攸往。

一阳：不远复，无祗悔，元吉。

二阴：休复，吉。

三阴：频复，厉无咎。

四阴：中行独复。

五阴：敦复，无悔。

六阴：迷复，凶，有灾眚。用行师，终有大败；以其国君凶，至于十年不克征。

4:1 颐（《周易》第27卦）

颐：贞吉；观颐，自求口实。

一阳：舍尔灵龟，观我朵颐，凶。

二阴：颠颐；拂经于丘颐，征凶。

三阴：拂颐；贞凶，十年勿用，无攸利。

四阴：颠颐，吉。虎视眈眈，其欲逐逐，无咎。

五阴：拂经；居贞吉，不可涉大川。

六阳：由颐；厉吉，利涉大川。

4:2 屯（《周易》第3卦）

屯：元亨，利贞，勿用有攸往。利建侯。

一阳：磐桓，利居贞，利建侯。

二阴：屯如，邅如，乘马班如。匪寇，婚媾。女子贞不字，十年乃字。

三阴：即鹿无虞，惟入于林中；君子几不如舍。往吝。

四阴：乘马班如，求婚媾；往吉，无不利。

五阳：屯其膏，小贞吉，大贞凶。

六阴：乘马班如，泣血涟如。

4:3 益（《周易》第42卦）

益：利有攸往，利涉大川。

一阳：利用为大作，元吉，无咎。

二阴：或益之十朋之龟，弗克违，永贞吉；王用享于帝，吉。

三阴：益之用凶事，无咎；有孚中行，告公用圭。

四阴：中行告公从，利用为依迁国。

五阳：有孚惠心，勿问元吉；有孚惠我德。

六阳：莫益之，或击之；立心勿恒，凶。

4：4 震（《周易》第 51 卦）

震：亨；震来虩虩，笑言哑哑；震惊百里，不丧匕鬯。

一阳：震来虩虩，后笑言哑哑，吉。

二阴：震来厉，亿丧贝，跻于九陵；勿逐，七日得。

三阴：震苏苏，震行无眚。

四阳：震遂泥。

五阴：震往来厉，意无丧有事。

六阴：震索索，视矍矍，征凶；震不于其躬，于其邻，无咎；婚媾有言。

4：5 噬嗑（《周易》第 21 卦）

噬嗑：亨，利用狱。

一阳：屦校灭趾，无咎。

二阴：噬肤灭鼻，无咎。

三阴：噬腊肉，遇毒；小吝，无咎。

四阳：噬干胏，得金矢，利艰贞，吉。

五阴：噬干肉，得黄金；贞厉，无咎。

六阳：何校灭耳，凶。

4：6 随（《周易》第 17 卦）

随：元亨，利贞，无咎。

一阳：官有渝，贞吉；出门交有功。

二阴：系小子，失丈夫。

三阴：系丈夫，失小子；随有求得，利居贞。

四阳：随有获，贞凶；有孚在道，以明何咎？

五阳：孚于嘉，吉。

六阴：拘系之，乃从维之，王用亨于西山。

4：7 无妄（《周易》第 25 卦）

无妄：元亨，利贞。其匪正有眚，不利有攸往。

一阳：无妄，往吉。

二阴：不耕获，不菑畬，则利用攸往。

三阴：无妄之灾；或系之牛，行人之得，邑人之灾。

四阳：可贞，无咎。

五阳：无妄之疾，勿药有喜。

六阳：无妄，行有眚，无攸利。

5：0 明夷（《周易》第 36 卦）

明夷：利艰贞。

一阳：明夷于飞，垂其翼；君子于行，三日不食。有攸往，主人有言。

二阴：明夷，夷于左股，用拯马壮，吉。

三阳：明夷于南狩，得其大首；不可疾，贞。

四阴：入于左腹，获明夷之心，于出门庭。

五阴：箕子之明夷，利贞。

六阴：不明晦；初登于天，后入于地。

5：1 贲（《周易》第 22 卦）

贲：亨，小利有攸往。

一阳：贲其趾，舍车而徒。

二阴：贲其须。

三阳：贲如，濡如，永贞吉。

四阴：贲如，皤如，白马翰如；匪寇，婚媾。

五阴：贲于丘园，束帛戋戋；吝，终吉。

六阳：白贲，无咎。

5：2 既济（《周易》第 63 卦）

既济：亨小，利贞；初吉终乱。

一阳：曳其轮，濡其尾，无咎。

二阴：妇丧其茀，勿逐，七日得。

三阳：高宗伐鬼方，三年克之；小人勿用。

四阴：繻有衣袽，终日戒。

五阳：东邻杀牛，不如西邻之禴祭，实受其福。

六阴：濡其首，厉。

5：3 家人（《周易》第 37 卦）

家人：利女贞。

一阳：闲有家，悔亡。

二阴：无攸遂，在中馈，贞吉。

三阳：家人嗃嗃，悔厉，吉；妇子嘻嘻，终吝。

四阴：富家，大吉。

五阳：王假有家，勿恤，吉。

六阳：有孚威如，终吉。

5：4 丰（周易第 55 卦）

丰：亨，王假之；勿忧，宜日中。

一阳：遇其配主，虽旬无咎，往有尚。

二阴：丰其蔀，日中见斗，往得疑疾；有孚发若，吉。

三阳：丰其沛，日中见沫，折其右肱，无咎。

四阳：丰其蔀，日中见斗，遇其夷主，吉。

五阴：来章，有庆誉，吉。

六阴：丰其屋，蔀其家，窥其户，阒其无人，三岁不觌，凶。

5：5 离（《周易》第 30 卦）

离：利贞，亨；畜牝牛吉。

一阳：履错然，敬之，无咎。

二阴：黄离，元吉。

三阳：日昃之离，不鼓缶而歌，则大耋之嗟，凶。

四阳：突如其来如，焚如，死如，弃如。

五阴：出涕沱若，戚嗟若，吉。

六阴：王用出征，有嘉折首，获匪其丑，无咎。

5：6 革（《周易》第 49 卦）

革：已日乃孚，元亨，利贞，悔亡。

一阳：巩用黄牛之革。

二阴：已日乃革之，征吉，无咎。

三阳：征凶，贞厉；革言三就，有孚。

四阳：悔亡，有孚改命，吉。

五阳：大人虎变，未占有孚。

六阴：君子豹变，小人革面；征凶，居贞吉。

5：7 同人（《周易》第 13 卦）

[同人]：同人于野，亨，利涉大川，利君子贞。

一阳：同人于门，无咎。

二阴：同人于宗，吝。

三阳：伏戎于莽，升其高陵，三岁不兴。

四阳：乘其墉，弗克攻，吉。

五阳：同人，先号咷，而后笑；大师克相遇。

六阳：同人于郊，无悔。

6：0 临（《周易》第 19 卦）

临：元亨，利贞；至于八月有凶。

一阳：咸临，贞吉。

二阳：咸临，吉无不利。

三阴：甘临，无攸利；既忧之，无咎。

四阴：至临，无咎。

五阴：知临，大君之宜，吉。

六阴：敦临，吉，无咎。

6∶1 损（《周易》第41卦）

损：有孚，元吉，无咎，可贞，利有攸往。曷之用？二簋可用享。

一阳：已事遄往，无咎；酌损之。

二阳：利贞，征凶；弗损益之。

三阴：三人行则损一人，一人行则得其友。

四阴：损其疾，使遄有喜，无咎。

五阴：或益之十朋之龟，弗克违，元吉。

六阳：弗损益之；无咎，贞吉，利有攸往，得臣无家。

6∶2 节（《周易》第60卦）

节：亨，苦节不可贞。

一阳：不出户庭，无咎。

二阳：不出门庭，凶。

三阴：不节若，则嗟若，无咎。

四阴：安节，亨。

五阳：甘节，吉，往有尚。

六阴：苦节，贞凶，悔亡。

6∶3 中孚（《周易》第61卦）

中孚：豚鱼吉，利涉大川，利贞。

一阳：虞吉，有它不燕。

二阳：鸣鹤在阴，其子和之；我有好爵，吾与尔靡之。

三阴：得敌，或鼓或罢，或泣或歌。

四阴：月几望，马匹亡，无咎。

五阳：有孚挛如，无咎。

六阳：翰音登于天，贞凶。

6∶4 归妹（《周易》第54卦）

归妹：征凶，无攸利。

一阳：归妹以娣，跛能履，征吉。

二阳：眇能视，利幽人之贞。

三阴：归妹以须，反归以娣。

四阳：归妹愆期，迟归有时。

五阴：帝乙归妹，其君之袂，不如其娣之袂良；月几望，吉。

六阴：女承筐，无实；士刲羊，无血；无攸利。

6：5 睽（《周易》第 38 卦）

睽：小事吉。

一阳：悔亡；丧马勿逐，自复；见恶人，无咎。

二阳：遇主于巷，无咎。

三阴：见舆曳，其牛掣；其人天且劓，无初有终。

四阳：睽孤；遇元夫，交孚，厉无咎。

五阴：悔亡，厥宗噬肤，往何咎？

六阳：睽孤，见豕负涂，载鬼一车，先张之弧，后说之弧；匪寇，婚媾；往遇雨则吉。

6：6 兑（《周易》第 58 卦）

兑：亨，利贞。

一阳：和兑，吉。

二阳：孚兑，吉，悔亡。

三阴：来兑，凶。

四阳：商兑未宁，介疾有喜。

五阳：孚于剥，有厉。

六阴：引兑。

6：7 履（周易第 10 卦）

履：履虎尾，不咥人，亨。

一阳：素履，往无咎。

二阳：履道坦坦，幽人贞吉。

三阴：眇能视，跛能履，履虎尾咥人，凶；武人为于大君。

四阳：履虎尾，愬愬，终吉。

五阳：夬履，贞厉。

六阳：视履考祥，其旋元吉。

7：0 泰（《周易》第 11 卦）

泰：小往大来，吉，亨。

一阳：拔茅茹，以其汇，征吉。

二阳：包荒，用冯河，不遐遗；朋亡，得尚于中行。

三阳：无平不陂，无往不复；艰贞无咎，勿恤其孚，于食有福。

四阴：翩翩，不富以其邻，不戒以孚。

五阴：帝乙归妹，以祉元吉。

六阴：城复于隍，勿用师；自邑告命，贞吝。

7：1 大畜（《周易》第26卦）

大畜：利贞，不家食吉，利涉大川。

一阳：有厉，利已。

二阳：舆说輹。

三阳：良马逐，利艰贞；曰闲舆卫，利有攸往。

四阴：童牛之牿，元吉。

五阴：豮豕之牙，吉。

六阳：何天之衢，亨。

7：2 需（《周易》第5卦）

需：有孚，光亨，贞吉，利涉大川。

一阳：需于郊，利用恒，无咎。

二阳：需于沙，小有言；终吉。

三阳：需于泥，致寇至。

四阴：需于血，出自穴。

五阳：需于酒食，贞吉。

六阴：入于穴，有不速之客三人来，敬之，终吉。

7：3 小畜（《周易》第9卦）

小畜：亨。密云不雨，自我西郊。

一阳：复自道，何其咎？吉。

二阳：牵复，吉。

三阳：舆说辐，夫妻反目。

四阴：有孚，血去惕出，无咎。

五阳：有孚挛如，富以其邻。

六阳：既雨既处，尚德载，妇贞厉。月几望，君子征凶。

7：4 大壮（《周易》第34卦）

大壮：利贞。

一阳：壮于趾，征凶，有孚。

二阳：贞吉。

三阳：小人用壮，君子用罔；贞厉，羝羊触藩，羸其角。

四阳：贞吉，悔亡；藩决不羸，壮于大舆之輹。

五阴：丧羊于易，无悔。

六阴：羝羊触藩，不能退，不能遂，无攸利；艰则吉。

7:5 大有 （《周易》第 14 卦）

大有：元亨。

一阳：无交害，匪咎，艰则无咎。

二阳：大车以载，有攸往，无咎。

三阳：公用亨于天子，小人弗克。

四阳：匪其彭，无咎。

五阴：厥孚交如，威如，吉。

六阳：自天祐之，吉无不利。

7:6 夬 （《周易》第 43 卦）

夬：扬于王庭，孚号有厉；告自邑，不利即戎；利有攸往。

一阳：壮于前趾，往不胜为咎。

二阳：惕号，莫夜有戎，勿恤。

三阳：壮于九页，有凶；君子夬夬独行，遇雨若濡，有愠无咎。

四阳：臀无肤，其行次且；牵羊悔亡，闻言不信。

五阳：苋陆夬夬，中行无咎。

六阴：无号，终有凶。

7:7 乾 （《周易》第 1 卦）

乾：元亨利贞。

一阳：潜龙，勿用。

二阳：见龙在田，利见大人。

三阳：君子终日乾乾，夕惕若，厉无咎。

四阳：或跃在渊，无咎。

五阳：飞龙在天，利见大人。

六阳：亢龙，有悔。

用阳：见群龙无首。吉。

索　引